五彩校园文化艺术活动丛书

校园行为类活动指导手册

王 莉 ◎编著

前言 PREFACE

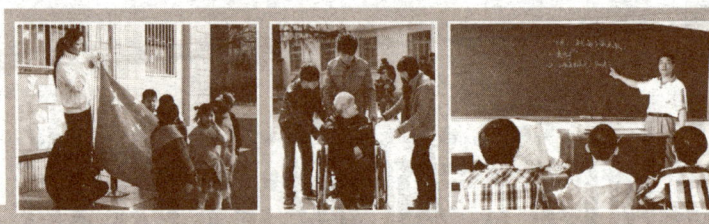

  在党和政府的要求下，长期以来，学校文化艺术活动作为学校教育教学工作的一个重要组成部分，不仅是广大青少年建立兴趣爱好和成材的重要途径，而且是学校德育工作发挥巨大作用的主要因素。营造丰富多彩的校园文化，为广大青少年开拓广阔的成材之路，这是加强素质教育的要求，也是培养青少年未来实现中国梦想的要求。

  学校开展形式多样的文化艺术活动，能够使广大青少年达到开阔视野、陶冶情操、增长才智、提高素质、沟通人际、适应社会以及改善知识结构和掌握实用技能等方面的效果。在这些文化艺术活动中，广大青少年通过接受不同形式、不同内容的有益教育，能够起到潜移默化的作用，这对造就和培养有理想、有道德、有纪律、有文化、适应中国复兴和实现中国梦的新一代人才有着十分重要的作用。

  因此，越来越多的学校对于开展丰富的文化艺术活动和营造浓郁的校园文化环境给予了越来越多的投入和努力，学校里的音乐队、合唱团、舞蹈队、书画社、兴趣小组等，简直琳琅满目。因此，校园文化艺术活动的组织策划与指导就显得十分重要了。这就需要坚持先进文化的正确方向，以育人为根本目标，努力发展符合实际需要、并为广大师生喜闻乐见，且具有实效的校园物质文化和精神文化体系，真正营造五彩校园的文化氛围。

为此，根据党和政府有关政策和部门的要求以及国内外最新校园文化艺术的发展方向，特别编撰了《五彩校园文化艺术活动》丛书，不仅包括校园文化艺术活动的组织管理、策划方案等指导性内容，还包括阅读、科普、歌咏、器乐、绘画、书法、美化、舞蹈、文学、口才、曲艺、戏剧、表演、游艺、游戏、智力、收藏、棋艺、牌技、旅游、健身等具体活动项目，还包括节庆、会展、行为、环保、场馆等不同情景的活动开展形式等，具有很强的系统性、娱乐性、指导性和实用性。

本套丛书适当配图，图文并茂，设计精美，格调高雅，不仅是广大学校用于开展丰富文化艺术活动的最佳指导读物，也是大中小学学校领导、教师，在校大中小学学生、研究生、博士生以及有关人员学习的最佳实用读物，还是各级图书馆珍藏的最佳版本。

目录 CONTENTS

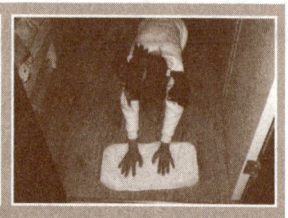

NO1. 学生爱国主义教育指导

学生爱国教育的指导内容 002

科学教学中的爱国教育指导 008

语文教学中的爱国教育指导 011

数学教学中的爱国教育指导 015

化学教学中的爱国教育指导 018

政治学科中的爱国教育指导 022

历史教学中的爱国教育指导 026

美术教学中的爱国教育指导 029

NO2. 学生集体主义教育的方法

集体主义教育的涵义与地位 034
集体主义教育的意义与方法 036
校园集体主义教育的策略 041
新生的集体主义教育指导 044
在班级中的集体主义教育 047
独生子女的集体主义教育 057
多渠道加强集体主义的教育 061

NO3. 学生社会公德教育的指导

社会公德教育的指导与实施 066
教学中的社会公德教育指导 070
思想品德与社会公德的教育 073
家庭教育中的社会公德教育 078
班主任的社会公德教育指导 082
小学生社会公德教育的指导 086
中学生社会公德教育的指导 090

目录 CONTENTS

N04. 学生劳动生存教育的指导

劳动生存教育的作用与特性……………096
劳动课中的劳动习惯培养……………099
劳动课中的创新意识培养……………104
劳动课中的创新能力培养……………107
现代技术在劳动课中的运用……………111
劳动课教学方法的巧妙运用……………113
劳动教育中的实践活动……………118
自我服务的劳动教学方法……………123

N05. 学生自觉纪律教育的指导

中小学生自觉性教育的指导……128
中小学生自觉性的心理分析……133
课堂教学和纪律管理的关系……137
有效教学与课堂纪律的实现……140
提高课堂自觉纪律的方法……144
控制课堂教学纪律的方法……146
提高纪律教育的教学水平……150
学生纪律教育的方法运用……153

N06. 学生民主法制教育的指导

学生学习法律的意义和方法……158
中小学民主法制教育的内容……162
中小学法制教育存在的问题……168
中小学法制宣传教育的对策……171
中小学民主法制教育的措施……174
中小学民主法制教育的实施……176

NO1. 学生爱国主义教育指导

学生爱国教育的指导内容

爱国主义是人们世世代代巩固发展起来的对祖国的一种深厚感情，是"爱"的教育中的最高境界。历经磨难、饱经沧桑的人们都有刻骨铭心的亲身经历，所以对祖国有着深深的眷念和爱。

现在的青少年学生，生逢盛世，早已习惯了和平时代的幸福生活，一说到爱国，就觉得空洞教条，仿佛离自己遥不可及。如何触及青少年学生的灵魂，对他们进行有效的爱国主义教育呢？

从了解历史文化开始

我国的历史文化博大精深、源远流长，是我们每个中华儿女的宝

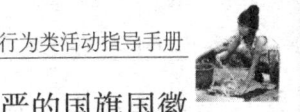

贵财富。如果没有对祖国的了解，就根本谈不上爱。庄严的国旗国徽是我们国家尊严的象征，幅员辽阔的疆土和天然雕饰的自然风光是我们无尽的骄傲，彪炳千古、可歌可泣的英雄人物是我们最好的榜样，蕴含着成败经验的历史是我们的一面镜子……

我们要针对不同时期学生的心理特点，采取多种途径、多样形式进行生动活泼地教育，让青少年学生在潜移默化中领会到爱国的真正含义，在耳濡目染中彰显爱国情怀。

1.了解祖国国情，培养爱国意识

当青少年学生看到五星红旗和国徽或听到《义勇军进行曲》的时候，一定要让他们知道那些就是我们祖国的象征，以培养孩子的爱国情结和爱国意识，让孩子与祖国共荣辱。

低年级的学生，我们应以感情教育为主。比如，老师可组织学生坐在一起聊聊国旗的来源，可以形象地讲讲关于八国联军如何瓜分我们的国家，可把八个国家比做是八个坏人，霸占了我们的房子，但是我们中国人不屈服，大家团结起来共同把八国联军赶跑了，为了纪念我国革命先辈的流血牺牲和革命的胜利，从此以后就有了国旗。

要告诉青少年学生如果不珍惜这来之不易的成功，不尊重国旗，那么也就不尊重我们这个国家，也就不尊重这个社会。学生虽然年龄小，但是对国旗的尊重也会慢慢积淀在他们心中，内化为一种爱国意识。

2.领略祖国河山，增强民族自豪感

"江山如此多娇"，且不说世界上现存规模最大、最完整的古代建筑群故宫和人类文明史上最伟大的建筑工程长城等，单是"飞流直下三千尺"的瀑布，"柳暗花明又一村"的春景就足以让青少年学生惊叹不已，就会时刻感受到自己祖国大好河山的秀丽。

低年级的学生，我们可以让他们看着地球仪认识我国地图，了解我国的地图是什么形状，有多少个省，多少个民族，哪个省在我国的

什么位置。还可以用多媒体播放我国的自然风光图片，把祖国美好的一面展示给他们，以培养他们对自己祖国的自豪感。

虽然青少年学生的年龄小，还不能完全理解其中的文化底蕴，但是，好玩的地球仪、秀美的图片还是可以引起他们很大兴趣的，再加上教师有趣地讲解，学生们就更喜爱了。这样，祖国的概念就会在这种喜闻乐见、通俗易懂的形式中自然种植在他们的意识中。

中高年级的学生，对我国的名胜古迹、祖国的大好河山已经有了一定了解，一些条件好的学生还有过很多次跟名胜古迹、自然风光的亲密接触，所以可以采用知识竞赛形式，如说说"中国之最"，比比谁是"中国名胜通"，让学生在丰富多彩的活动中对名胜古迹有更全新的认识，培养自己的民族自尊心和荣誉感。

3.深谙爱国故事，浸染高尚人格

"中华五千年，英雄千千万"。中华五千年的历史就像一幅浩瀚的画卷，无数爱国志士就是镶嵌在这幅画卷上最耀眼的明珠。

如果说宋代著名政治家范仲淹的"先天下之忧而忧，后天下之乐而乐"对于小学生理解起来有些困难，那么我国航天英雄杨利伟历经磨练征服太空，奥运柔道冠军冼东妹忍受离别女儿一年之久进行艰苦训练，北京学生梁帆参加"世界儿童为和平为未来"活动时要求升起中国国旗，这些既平凡却又震撼心灵的爱国事迹，就足以唤醒现代青少年学生对于榜样的最深刻记忆。

学生的年龄小，我们要尽可能把爱国主义的榜样生活化、艺术化、具体化、形象化，比如，可以采取讲英雄故事、看爱国电影、读伟人传记、唱爱国歌曲等多种形式让爱国英雄人物形象深深植根于学生幼小的心灵深处，让他们从小就对英雄人物的行为有一种认同感，他们能够在这些事迹中认识到我国人是伟大的，都拥有一颗忠于祖国的中国心。

我们可以采取唱《北京的金山上》、《我爱北京天安门》、《放牛的孩子王二小》等爱国歌曲，听通俗易懂的英雄故事，让低年级的孩子了解爱国故事，通过读爱国书籍和收看爱国主义教育的专题节目，对中高年级的学生进行爱国英模人物的形象教育。

从生活细节之处开始

思想决定行动，有爱国之心才能有报国之志。反过来，行动也会指引思想，只有将爱国之心落实到日常的行动中，才会让青少年学生心中庄严的种子生根发芽。

很多人片面的认为热爱祖国、维护国家利益对小学生来说太难，做出一番大事还得他们长大了才能干，所以小学生的爱国主义很难落实到实际行动当中。维护国家利益是爱国，爱护一草一木也同样是爱国。爱国主义教育并不是抽象的、遥远的，而是可以具体到日常生活之中。

我们可以在日常生活中注意引导，从小事、小节、细致具体的行为入手，在点滴小事中引申发掘出其爱国积极的一面，对学生进行爱国主义教育。

1.爱国从身边开始

首先，爱祖国，从爱妈妈做起；爱祖国，从爱家乡开始；爱祖国，从爱身边的人开始。一个人如果不热爱自己的故乡，不热爱家乡的父老乡亲，不热爱养育自己的土地，他还会热爱自己的祖国吗？家乡是我们生长和生活的地方，一草一木皆是情。

其次，我们就是要爱身边的人。家人、老师、同学，是生活在孩子身边的人。我们要引导学生从孝敬老人、尊重老师、团结同学这样的小处入手，培养他们健全健康的人格，让他们意识到这样既是对自己负责，又是爱国的具体体现。

2.爱国从爱国旗开始

国旗是一个国家的标志,不爱国旗也不会爱自己的国家。当五星红旗一次次在奥运赛场上升起时,每一个有道德的中国人都会滋生出自豪感;当神七登上太空,五星红旗在太空中摇摆时,全中国人民都无比骄傲。但是,我们也常常看到,有些学生在学校升国旗的庄严时刻,还在嬉笑打闹、随意走动。每当国歌奏响,国旗升起的时候,我们教师首先要面对着国旗肃立,给学生做出一个行为的榜样。

3.爱国从小事做起

爱国常常在一个个微小的地方,只要一个人心系祖国,哪怕在一件平常的小事上也能表现出爱国之情。主动承担责任、爱校爱家是爱国,爱护环境、节约用水、节约用电是爱国,树立远大理想的教育,努力学习科学文化知识是爱国,尽量购买物美价廉的中国制造是爱国……

我们要培养学生从最普通、最平凡的小事做起,处处严格要求自己,加强自身修养,完善自己的人格。爱国无小事,事事皆能爱国。一个人如果连这些"小事"都做不到,怎么可能在祖国最需要他的时

候挺身而出去做"大事"呢？一屋不扫何以扫天下呢？

4.爱国从节日活动开始

重大节假日要给学生们营造一种潜移默化、润物细无声的氛围。清明节是纪念祖先和先烈的日子，是对学生进行"爱国主义教育"的最好时机。

在清明时节，学校可组织学生参加清明节扫墓活动，让他们自己制作小白花、花圈，向已逝的亲人、先烈庄重地送上思念与敬意，让他们懂得今天的幸福生活是无数革命先辈用自己的生命和鲜血换来的，要珍惜今天的幸福生活，安心学习。

国庆节是中华人民共和国成立的光辉节日，是祖国的生日。在这个举国欢庆的日子里，我们可以为学生营造喜庆的祖国生日的氛围，引导学生回顾历史，展望未来，鞭策学生更严格地要求自己，激励自己，规范言行举止，树立强烈的历史责任感，立下"弃燕雀之小志，慕鸿鹄而高翔"的志向，做新世纪的小主人。

端午节、建党日、中国人民抗日战争纪念日等很多节日都是对学生进行爱国教育的最佳时机，我们要在不同的时候，有针对性地开展相应活动，给学生适当引导，让他们在活动中共同享受到了一份浓浓的爱国热情。

爱国主义是青少年学生成长的指路明灯，是他们成长道路上的指南针。培育堂堂正正的中国人，给学生一颗中国心，是教育工作者的天职。我们要把爱国主义融入每节课、融入每件事中去，由近及远，由抽象到具体，由情感熏陶到道德情操，让爱国主义成为我们教育的主旋律！

科学教学中的爱国教育指导

如何在科学教学中开展爱国主义教育,这是人们长期探讨的问题。因此要总结教学实践中的实际经验,在教学中做好关于爱国主义教育的许多方面。

收集资料

我们教师在备课中,要注意收集爱国主义教育资料,除认真地吃透"大纲"和"教材"的爱国主义教育内容外,还要善于收集许多素材。

1.收集发明创造事例

如教学《热空气》一课时,我们就可以收集三国时期诸葛亮利用热空气上升原理造出"孔明灯"的故事等。我们在备课时,有了这些内容,上课时我们就能把握时机对学生进行热爱祖国灿烂文化的教育,培养学生们的民族自豪感。

2.收集现代科技成果

如在教学《反冲》中,我们可以向学生介绍我国"神舟六号"发射成功的报道。通过这些内容的教学,学生们就会自觉地体会到社会主义祖国欣欣向荣的景象。

3.挖掘乡土教育因素

比如在教学《玩石头》的时候,我们备课就可以收集举办"金沙奇石展"的故事,从而把学生对石头的爱上升为对家乡的爱,对祖国的爱。

4.收集科学家的故事

科学家是我们伟大的榜样,是我们进行爱国主义教育的主要内容,他们的爱国故事,对学生起着重要的熏陶和感染作用。

注重课堂教学

把爱国主义教育融于科学知识教学中,让两者有机融合。如教学《指南针》一课时,教师可以说中国是四大文明古国之一,我国人民发明了第一种指示南北的仪器,即司南,它是指南针的始祖。这样短短几句话,就能激发学生们的爱国热情。

1.联系实际

进行思想教育,最忌只喊大而空的口号。在教学中,我们可以联系实际从小处着眼,如我们教学《美丽的大自然》时,就应该带着学生们去感受家乡的蓝天白云、青山绿水、田园果林等,让他们在生活中感受到科学之美,从而联想到祖国之美。

2.通过质疑

首先提出问题,然后启发学生思考,最后解决,在这一过程中让学生受到教育。如教学《青蛙》一课时,教师可设题:青蛙是我们的朋友,还有哪些动物是人类的朋友呢?它们如今的生活好吗?我们应该怎样保护它们呢?通过以上问题的解决,学生就会受到爱护有益动物的教育,也就会自觉地保护有益动物,保护生态平衡。

开展课外活动

一般科学教材,都编排了大量学生参观的内容。在这一环节中,我们要善于抓住其中的爱国主义契机。如在教学《卵石的形成》一课时,除了指导学生考察上游、中游、下游的石头外,还要指导学生收集卵石,展览卵石,参观奇石馆等,从而培养他们对卵石的爱、对家乡的爱、对祖国的爱。

语文教学中的爱国教育指导

爱国主义教育是中小学德育工作的重要内容,发挥课堂教学主渠道的作用是卓有成效的途径。爱国主义教育与其他思想教育一样,除了注重提高被教育者的思想认识、规范其行为外,利用时机培养意志、潜移默化地激发学生的爱国情感,是不可缺少的环节和途径。

"渗透式"教育方法的内涵

"渗透式"教育是一种"润物细无声"的实践方式。同时,由于

"渗透式"教育是一种潜移默化的教育，它消除了学生可能出现的疲倦乃至于抵制的心理，这种无意识记忆在较长时间里会显出它的牢固性。

中小学语文课文大都饱含着丰富的思想情感，是培养学生爱国主义思想的好教材，但其中的思想因素是蕴涵在文章内容之中，通过语言文字表现出来的。所以，语文教学中的爱国主义教育必须是"渗透式"的教育，而不能是"单刀直入"式的政治说教。

如果因为语文本身具有思想性，要完成爱国主义思想教育的任务而把语文课变成半语文半政治，变成思想教育的工具，就违背了语文课的特点，而且会使学生产生逆反心理，达不到教育的目的。因此，能够做到爱国主义教育"润物细无声"的"渗透式"教育，是语文教学中爱国主义教育的最佳途径和方法。

"渗透式"教育方法的实施

1. 深刻理解教材，把握主动权

进行"渗透式"爱国主义教育必须站在对整体中学语文教材的认识的制高点，对教材内容有完整的理解。要清晰地认识到每篇教材除了应传授的科学知识之外，还应弄清楚思想教育内容是在教材哪些内容中体现出来的，而不应毫无联系的硬性加入。

对于大纲中规定的思想教育内容，教师应了然于胸，正确辨析哪些篇目承担着哪些方面的教育内容。即便是爱国主义教育，也有具体的内容。例如，有中国人民革命斗争史、革命史、创业史和继承发扬爱国主义光荣传统的教育，有社会主义现代化建设发展前景和报效祖国的教育，也有国家利益高于一切、个人利益服从国家利益的教育，还有准确认识中华民族优秀思想文化传统的教育，等等。

2. 根据教学内容，具体分析

爱国主义虽然在不同的历史时期内容有所侧重，却不能主观偏颇，脱离课文内容。如果流于形式，声东击西进行，就会使语文的思想性和

文学性两败俱伤。现今中学语文课本选用的篇目，多数体现了时代性和学生的实际需求。但不同体裁，不同文章的思想因素各不相同。

因文施教是达到"润物细无声"的前提。例如：我国著名文学家鲁迅的《记念刘和珍君》属于记叙范畴，作者浓郁的爱国情感是在叙事、抒情和议论中抒发出来的，适宜用以情感人的方式来感染教育学生；而鲁迅的《拿来主义》是论说文，作者对国民党的痛恨之情和对民族文化的深切关注是在说理论辩中表达出来的，以理服人激发学生爱国情感是上乘方法。

不同体裁用不同的方法教育是合情合理、尊重现实的表现，但具体教育的内容还需要因文而异。文言文是中学语文课的重要内容，爱国主义教育在文言文中主要是进行民族悠久历史和优秀传统文化的教育，以增强学生的民族自豪感和自信心。

3.巧妙创设情境，进入角色

动人心者，莫过乎情。良好的情境是学生自觉接受教育的情感氛围。在语文教学中有意创设情境，是潜移默化进行爱国主义教育的有力方式。

中小学语文课文有较强的思想性，有的篇章充满了诗情画意，有的字里行间融入了作者真挚热烈的感情，关键在于教师精心发计，充分利用，使学生进入角色。

情境的创设必须结合课文内容进行。既可以把情境作为讲读教学的引子，先入为主；也可以在讲读即将结束时展示情境，以收到言虽尽意不止的效果。

还可以在讲读过程中根据具体内容随时随处进行。创设情境的方法也是灵活多样的，可以利用作家作品、时代背景的介绍完成；也可以通过巧设问题，在层层深入理解课文内容的基础上创造情境，在逐步设置问题上调动学生的参与热情，在解决各个问题中完成爱国主义

教育的任务。

4.开拓第二课堂,增强教育

语文第二课堂是语文教学的补充和延伸,其具有灵活性、独立性和自愿性,是学生获取知识,发展能力,陶冶性情的新天地。

丰富多彩的语文第二课堂可以为学生提供观察社会,体验生活的机会,使学生在主动参与的前提下,受到各种教育。例如,在写作课外小组活动中,除了把学生带入生产生活的第一线,让学生直接感受生活,获得第一手写作材料。还可以适机进行书评、影评、观后感等生动活泼的活动,调动学生的热情和积极性。

数学教学中的爱国教育指导

新课标也指出，要"根据数学的学科特点，对学生进行学习目的的教育，爱祖国、爱社会主义、爱科学的教育，辩证唯物主义观点的启蒙教育"。但数学学科其德育功能相对于一些文科来讲是隐性的，潜在的，因此，我们要想在数学教学中做好爱国主义教育，确实有一定的难度，这就需要我们数学教师去努力钻研和探究，需要从多方面入手。

五彩校园文化艺术活动丛书

利用数学史对学生进行爱国主义教育

在我们现行的九年义务教育人教版初中数学教材中,有丰富的爱国主义教育素材,在教学中适时地、自然地利用它们对学生进行思想教育,会达到事半功倍的效果。

比如,在指导学生阅读《有关几何的一些知识》、《中国最早使用负数》、《勾股定理》、《关于圆周率》、《我国古代有关三角的一些研究》、《我国古代的一元二次方程》等阅读教材后,告诉学生,我国自古在数学研究应用方面就有辉煌的成就。

如祖氏公理的发现早于世界其他国家1100多年,杨辉三角的发现先于其他国家400多年;祖冲之对圆周率π值的计算、负数的使用、方程组的解法都比欧洲早1000多年,我国古代的科学成就令世人瞩目。

但是,我们也要告诉学生,不能停留在感叹我国古代数学的辉煌上,因为从明代开始,我国数学就逐渐落后于西方了,导致勾股定理在世界大多数国家被称为毕达哥拉斯定理。

直到20世纪初,中国数学家踏上了学习并赶超西方先进数学的艰苦历程,如我国著名数学家华罗庚教授发起、推广的优选法,被广泛地应用于生产和科学试验,创造了很大的经济价值。陈景润成功地证明了数论中"(1+2)"定理,被誉为"陈氏定理"。

美籍华裔科学家杨振宁、李政道、吴健雄因在科学上的巨大成就而荣获诺贝尔奖等,这些真实典型的数学史实不仅可以激发学生强烈的爱国情和民族自豪感,而且也激励起学生学习的进取精神,同时也可使学生认识到闭关自守的无益,切实感受到我国改革开放的意义。

利用教材内容进行爱国主义教育

通过教材中的有关内容编拟既联系实际又有思想性的数学题目,反映我国社会主义制度的优越性、改革开放政策的正确性和祖国建设的伟大成就等有关内容,使学生潜移默化地受到热爱社会主义制度、

热爱社会主义祖国的思想教育；使学生了解我国的国情，激发他们为四化建设、为祖国的繁荣昌盛而不断努力。

利用古代数学题进行爱国主义教育

我国是数学题最早的发源地之一，在国内外的许多数学游戏、趣味书里，都可看到它的影子与原形。在讲平面图时，引入我国古代人民创造的益智游戏"七巧板"，让学生通过拼图得到各种美丽的图案；讲解方程组时，可以收集一些古算题、古算诗，让同学依次吟读古诗、讲解古诗，寻求解题的方法。

利用数学教学活动进行爱国主义教育

德育渗透不能只局限在课堂上，应与课外学习有机结合，我们可以适当开展一些数学活动课和数学主题活动。例如，了解国旗，可以从国旗颜色、图形的所表达含义入手，再进一步让学生计算五角星各角的度数，长和宽的比；又如，让学生去查找世界文化遗产长城总长约为多少米？再用科学计数法表示出来，通过让学生计算，从中可更深刻提升爱国主义教育。

又如，在抗洪救灾中，我国把数学运用在卫生遥感技术上，精确测定了长江大堤。几厘米的倾斜度，为抗洪救灾提供了重要保证。利用这些事实激发学生的爱国热情。另外要根据学生的爱好开展各种活动，比如，开展知识竞赛，讲一讲数学家小故事等，相信这样一定会起到多重作用的。

祖国在进步，家乡在发展，明天也将更辉煌，而创造明天的劳动是艰辛的，我们的青少年一代肩上任务繁重，这就要求我们学生要有强烈的自豪感、责任感。为此，我们教师必须教育学生好好学习，为建设美好的中国打好扎实的基础。

化学教学中的爱国教育指导

结合化学教学对学生进行爱国主义教育，各个学科有不同的特点。中学化学教学大纲明确规定："要根据中学化学学科的特点，紧密结合化学基础知识和基本技能的教学，对学生进行政治思想教育"。

爱国主义，是点燃中国人民为祖国兴旺发达、繁荣昌盛而献身的精神火炬。无疑在中学化学教学中对学生进行爱国主义教育是中学化学教学的重要任务之一。在化学课堂教学应从以下几个方面来进行。

以古今成就进行爱国主义教育

我国是世界四大文明古国之一，有5000多年光辉灿烂的历史，在

化学上也有巨大的成就，对人类发展作出了不可磨灭的贡献。比如，在讲燃烧中，介绍北京周口店人类古遗址中发现的厚达两米的木材燃烧之后形成的炭灰层；讲化学变化、化合与分解反应时，介绍我国古代炼丹术的创造发明，证明我国对有关汞的性质、硫和汞化合时的比例等有价值的化学变化规律的认识比阿拉伯炼丹家早了500年。

在讲解化学实验操作时，讲述明代李时珍在《本草纲目》中记录的200多种药物制造方法，就已广泛应用了灼热、溶解、沉淀、过滤、蒸发等化学实验的基本操作方法。通过这些丰富的史料，既增长了学生的知识，也增强了他们的民族自豪感。

在新中国化学化工取得的辉煌成就中也有许多可以作为爱国主义的生动教材。如在蛋白质教学时，讲述1965年我国首先人工合成牛胰岛素，在探索生命起源方面迈出可喜一步，在全世界引起轰动。

在石油一节教学中，介绍了解放前在帝国主义列强的侵略下"洋油"充斥市场的辛酸过去和在党的领导下开发大庆油田，继而开发胜利、大港、渤海湾等大油田，使石油产量跃居世界前列的豪迈历程，无形之中给学生很实际的爱国主义教育，激发他们的民族自豪感。

结合名人事例进行爱国教育

在讲解制碱工业中，介绍我国著名化学家侯德榜的事迹。在英国某公司垄断国际市场，对外封锁技术，企图将中国制碱工业扼杀于摇篮之中时，他怀着报国决心，于1921年漂洋过海，返回祖国，日夜奋战在工厂，终于在1926年在塘沽碱厂生产出纯度为99%的洁白纯碱。其产品畅销日本及东南亚各国，荣获美国费城万国博览会金奖。此后，又精心实验，刻苦钻研，提出了先进的"侯氏制碱法"，这一成就一鸣惊人，令世人刮目相看，为中国人民争得了荣誉。

在讲原子结构、原子能应用时，介绍我国"两弹"元勋邓稼先报效祖国的先进事迹。邓稼先解放前留学美国获博士学位，为了发展祖国的原子能工业冲破种种阻挠，毅然回国，他说："我要把生命献给祖国"。他用自己的行动实践了自己的诺言，用生命谱写了爱国主义的篇章，使许多学生深受感动。

结合实践教学进行爱国教育

我在化学教学中还注意与生产实践结合，带领学生走出课堂，到工厂实地参观学习，使学生学习到许多书本上学不到的知识，亲自体验到祖国发生的翻天覆地的变化。

比如，讲化肥时我带领学生到县化肥厂参观，并告诉他们，解放前被称为"肥田粉"的化肥都要依赖外国进口，如今仅江苏省就有上百家化肥企业。这使学生不仅看到科学知识的力量也感到祖国今天的强大。

讲究方法，提高教育有效性

1.有机结合，自然渗透

在化学教学中有效地进行爱国主义教育，一要紧紧地把握学科的特点，以知识开路，使爱国主义教育和化学知识教学有机结合、自然渗透，让学生在学习化学知识的同时受到爱国主义思想的熏陶，获得

潜移默化的效果。否则，就会造成"硬贴"、"横插"的现象发生，导致爱国主义教育和化学教学形成"两张皮"。

2.形式多样，适时教育

教师要善于发掘教材中的爱国主义教育因素，安排好教育的内容，形成系列化教育体系。同时还要从学生和教材的实际出发，进行适时教育。适时教育契机的选择不仅为教材内容所决定，还为学生心理效能所制约。只有在合适的时机进行教育，方能防止盲目性，克服随意性。做到寓教育于知识之中，辅知识以教育含义，情理相济，水到渠成。

3.广泛迁移，深化观点

在教学中有必要拓宽教材中的爱国主义教育内容，深化教育观点。现行化学教材中，初中课本提到的科学家好多人都是外国人，其中除对个别人介绍其主要业绩外，大多数只是点到了名字，所以在教学中应该补充、突出新中国的科学成就和中国科学家的事迹。又如，进行环境保护教育，不能只停留在爱祖国大好河山的水平上，而应引申、迁移、升华到爱人民、爱劳动、爱社会主义祖国上来。

4.以史感人，以情动人

在化学教学中进行爱国主义教育应做到"形式感人易于人脑，感情熏陶易于动心"。教育手段主要不是直接灌输，而是利用典型感人的材料将自然与社会的美、丑、善、恶生动地再现出来，使活生生的、难以忘怀的，甚至能铭记一辈子的形象刻印于学生的脑中，用火热的激情去点燃学生心灵的火花。

在化学教学中对学生进行爱国主义教育，陶冶学生的爱国情操，能使学生树立振兴中华的远大抱负，更加明确学习目的，端正学习态度，刻苦学习。因此在化学教学中进行爱国主义教育既是培养社会主义事业建设者和接班人的需要，也是提高化学教学质量的有效途径。

政治学科中的爱国教育指导

　　爱国主义教育，是社会主义精神文明建设的重要内容，它关系到建设有中国特色的社会主义事业。爱国主义教育的主要对象是青少年学生，青少年学生是祖国的未来，是我们社会主义事业的战略预备队，青少年学生思想道德素质的好坏，不仅关系到他们一生的为人之本，做事之道，而且还关系到我们民族兴衰成败。

　　爱国主义教育，不仅是一个理论问题，而且还是一个实践问题，应当引起社会的重视，特别是中学政治教育战线上园丁们的重视。

与中学政治内容相结合

中华民族是一个伟大的民族,爱国主义精神一直贯穿在我们民族的优良传统之中。在21世纪的今天,我们伟大的祖国日益繁荣昌盛,爱国主义更应该成为这个时代的最强音!学生的爱国主义教育应该是最重要的教育。

学校是进行爱国主义教育的专门场所,爱国主义历来就是学校教育的主旋律,学校中的各门学科都包含着爱国主义教育的内容,只要教师在备课时,有意加入爱国教育导向,就可以使爱国主义精神体现在每一节课上。尤其是思想政治课,更应当在完成每节课教学任务的同时,自觉地担负起这个重任。

激发学生爱国主义情感

1.通过"英雄事例"教育

可以用一个个为国捐躯、英雄献身的先烈们可歌可泣的事迹来激励学生。比如,为他们讲述不畏大漠风沙守疆保土的西汉名将卫青、霍去病,告诉他们这些故事之所以感人,是因为他们充满着爱国主义精神,他们肯为国家民族舍弃小家,他们身上包含着千年不变的爱国主义英雄情节。让学生通过对这些英雄人物的认识来激发自己身上的爱国主义情感。

2.通过国情教育

使学生对祖国壮丽的山川、悠久的历史、灿烂的文明有更加深刻的了解,从而为曾经拥有灿烂的文明而自豪。通过中国近代史、现代史教育,使学生了解帝国主义侵略是近代中国贫穷落后的根本原因,使学生懂得"落后就要挨打",激发学生为"中华崛起而读书"。让学生更强烈地感受到民族的自尊心、自豪感。

3.通过思想教育

让学生认识到,自己必须在知识上不断地武装自己,才能真正地做到爱国、为国家的繁荣和安定贡献自己的一份力量。要教导学生从思想上高度地认识到，21世纪的祖国在国际的舞台上已成为不可或缺的一名成员，我们只有认清祖国所面临的局势，才能更好地为祖国效力。而作为学生应树立终身学习的理念，拓宽自己的知识面，广泛吸收新知识、新技术，完善自身的知识结构，更新学习知识的方法与理念。

4.运用多种形式

广泛开展爱国主义活动，配合政治教学，加深学生对所学知识的理解，如组织爱国主义方面的专题演讲会、讨论会、辩论会。还要经常利用组织学生观看一些爱国主义录像片、专题片，来增强教学直观性和实效性。利用学校图书室向学生推荐一些有关爱国主义书籍。

开展爱国教育活动

在教学中，课堂学习是改造学生主观世界的主要渠道，但如果能把课堂理论与实践相结合，教育效果会更好。

如在清明节时，我们组织学生开展"缅怀革命先烈，弘扬爱国传

统"清明节扫墓活动,通过介绍烈士们的英雄事迹,向烈士献花圈,让学生代表进行慷慨激昂的演说,而作为政治老师的我们可以最后不失机的进行总结等活动,使学生懂得我们的幸福生活来之不易,是无数英烈用鲜血换来的。

让他们认识社会,了解国情,磨练意志,逐步增强建设祖国,振兴中华的责任感。让他们深刻地认识到每位中华儿女应责无旁贷地担负起建设富强祖国的历史重任,完成先烈们没有完成的强盛梦。

爱国主义教育是学校教育不可缺少的内容,在课堂教学中渗透爱国主义教育是学校教育的一项长期任务。学生的爱国主义思想和觉悟、情感和意念不是与生俱来的,而是在一定的环境条件中经过一定时间培养和体验,训练和熏陶逐渐形成的。面对瞬息万变的社会,教师必须打破旧的模式,寻求适应新形势下爱国主义教育的新思路。

历史教学中的爱国教育指导

历史教学中体现爱国主义

爱国主义体现了人民群众对自己祖国的深厚感情，反映了个人对祖国的依存关系，是人们对自己故土家园、种族和文化的归属感、认同感、尊严感与荣誉感的统一。

它是调节个人与祖国之间关系的道德要求、政治原则和法律规范，也是民族精神的核心。它往往呈现出一种油然而生的自发状态。这种情感的产生，是千百年来人们对个人与祖国依存关系不断认识的结果。

爱国主义是中华民族的优良传统，是我们中华民族团结奋斗的一面旗帜，也是我们伟大祖国繁荣昌盛的思想武器。对学生加强爱国主义的教育更是关系国计民生和国家命运的大事。

历史教学中爱国教育的实施

历史学科是对学生进行爱国主义教育的主要学科，历史教学是对学生进行爱国主义教育的主要渠道。因此，在历史教学中有针对性地对广大学生进行内容广泛的爱国主义教育，有意识地培养学生的爱国情感，陶冶学生的爱国情操，引导他们怀爱国之心、树报国之志，是我们每一个历史教育工作者义不容辞地责任。

现在国家要求将《中国近代史纲要》和《中国革命史》作为每一个在校学生的必修科目是极其必要的，中国近现代史是对学生进行爱

国主义教育的一部不可多得的生动教材。

一部中国近现代史，一方面记载着中国人民灾难深重的苦难历程；另一方面也记载着中国人民不屈不挠、前赴后继的斗争业绩和自强不息的探索历程。爱国主义是中华民族近百年间饱经忧患而不衰，屡遭侵略而未亡，并在沉沦中奋起的强大精神支柱。

根据多年教学的实践，要加强对中学生的爱国主义教育，培养他们的爱国情感，提高学生的思想道德素质，必须在历史教学中进行许多方面的教育，方可收到预期的效果。

1.进行传统文化教育

我国是人类祖先最早发源地之一，同埃及、印度、巴比伦一起被誉为世界四大文明古国。我国文明带着她自己的独特的风格，攀越一个高峰又一个高峰，直到今天仍是奋斗不息，前进不止！我国有文字记载的历史达4000年之久，我国不仅历史悠久且还有灿烂的文化。通过向学生进行祖国悠久历史和辉煌灿烂文化传统教育，增强学生的民族自尊心、自信心和自豪感。确立学生对祖国的自尊、自信、自强的进取心，学习继承祖国的优秀文化遗产，并使之发扬光大。

2.增强学生的爱国热情

"以天下为己任的"爱国教育，增强学生的民族责任感，进行忠于祖国，为维

护祖国尊严和统一的爱国教育。

首先，培养对中华民族的感情。中华民族是酷爱自由、富有革命传统的优秀民族。我国自古以来就是一个统一的多民族国家，各民族都为祖国统一、发展做出过贡献。尤其鸦片战争以来近百年历史，中国各族人民饱受外国侵略者的蹂躏，但是中国人民反对列强侵略的斗争从未间断过。

在几千年的中华文明史中，涌现了无数的爱国人士，他们中有的毕生忧国忧民，有的具有高尚的民族气节，有的为了国家的统一奋斗终生，有的为了保家卫国而捐躯沙场。譬如，为国捐躯的清军将领关天培，清朝虎门销烟的林则徐，为国争光的詹天佑，华侨旗帜陈嘉庚，等等。正是这些人，才构成了我们中华民族的脊梁，成为我们民族前进的强大推动力量。

3.培养对祖国统一的感情

我国是一个统一的多民族国家，统一是大趋势。曾经饱受外国侵略欺凌的中国人民十分珍惜国家主权和领土完整，具有悠久爱国主义传统的中国人民一定要完成祖国的统一大业。现在，香港、澳门已胜利回归，解决台湾问题，完成祖国统一大业，突出地摆在了中国人民面前。

总之，爱国主义教育是一项伟大的工程，是一个深刻的主题。只要广大教师行动起来，从自身做起，以自身良好的历史感、时代感、民族自豪感去教育学生，引导学生，感化学生，这一定能够把学生进行爱国主义教育的目标实现，这一目标的实现将有利于推进素质教育，也有利于推进中华民族的伟大复兴，让我们举爱国主义的旗帜，将历史教学中传统品德教育开展得有声有色！

美术教学中的爱国教育指导

　　艺术欣赏是人们接触艺术作品时产生的一种审美活动,是一种通过艺术形象去认识客观世界的思维活动。欣赏者在欣赏艺术作品的过程中,不仅产生了美的感受,陶冶了情操,美化了心灵,而且培养了正确的审美观点和审美意识。

　　在多年的美术教学实践中,通过美术欣赏教学对学生进行爱国主

义教育，有着其他学科无法比拟的优势。

优秀的美术作品教材

我国油画大家董希文的油画《开国大典》就是较有代表性的例子。作品主要表现了中华人民共和国成立这一具有伟大历史意义的事件。可让学生在欣赏画面后，讲解与之相关的一些历史事件，放映开国大典场面的录像资料，使学生有身临其境的感觉，并能在不知不觉中接受了爱国主义教育。

敦煌莫高窟的飞天壁画，北宋张泽瑞的清明上河图，无不体现了中华民族博大精深的文化内涵，增强了学生的民族自尊心和自豪感。以实物作衬托，以作品背景及历史渊源为主流，有效地克服了爱国主义教育中空洞说教的弊端，实现了情景交融，使爱国主义教育在课堂教学中得到积极实施。

典型的名人爱国事迹

水墨画中有一幅徐悲鸿的《奔马》，在欣赏这幅作品时，以"徐悲鸿为什么喜欢画马"为题开展课堂讨论，使学生得知，徐悲鸿喜爱马的勤劳、勇敢、善良的性格，常常藉马抒怀，表现自己的悲哀、忧郁、希望和欢乐，而这些感情以又是和祖国紧密联系在一起的。

这样向学生讲解一些有关徐悲鸿画马的爱国事迹，不仅增强了课堂的趣味性，还使学生受到了一次爱国主义思想的熏陶。齐白石老人在抗战时期毅然辞去艺专学校的职务，深居简出，闭门谢客。

日军抢夺了老人的字，他毫不畏惧，寄愤怒于书画，在一幅《水墨螃蟹》上题诗"处处草泥乡，行到何处好，昨岁见君多，今年见君少"，辛辣地讽刺了日本侵略者，体现了刚正不阿的人格。达到了内在人格和外在作品形象的交融统一。

对教师的基本要求

在对学生进行爱国主义教育的同时，对老师也提出了一些基本要

求。教师在备课时，要深入研究教材，充分揭示教材的内在思想性。在教学中，应首先围绕作品的时代背景、思想内容和艺术形式向学生作简要的介绍。

在此基础上，对作品有关的爱国主义主题思想和艺术手法进行分析，使学生逐步加深理解、领会东方文化的骄傲，即我国历代美术作品自信、豪迈、博大、精深的艺术所孕育的民族传统文化精神。

同时，欣赏教学可采取多种形式，如结合挂图和课本图片及平时收集的史料典故进行分析讨论，可以运用投影仪放映幻灯片展示并作简要讲解，也可以适当组织学生参观博物馆和画展等，使欣赏教学的指导思想及教学方式，始终落实在深化爱国主义教育之上。

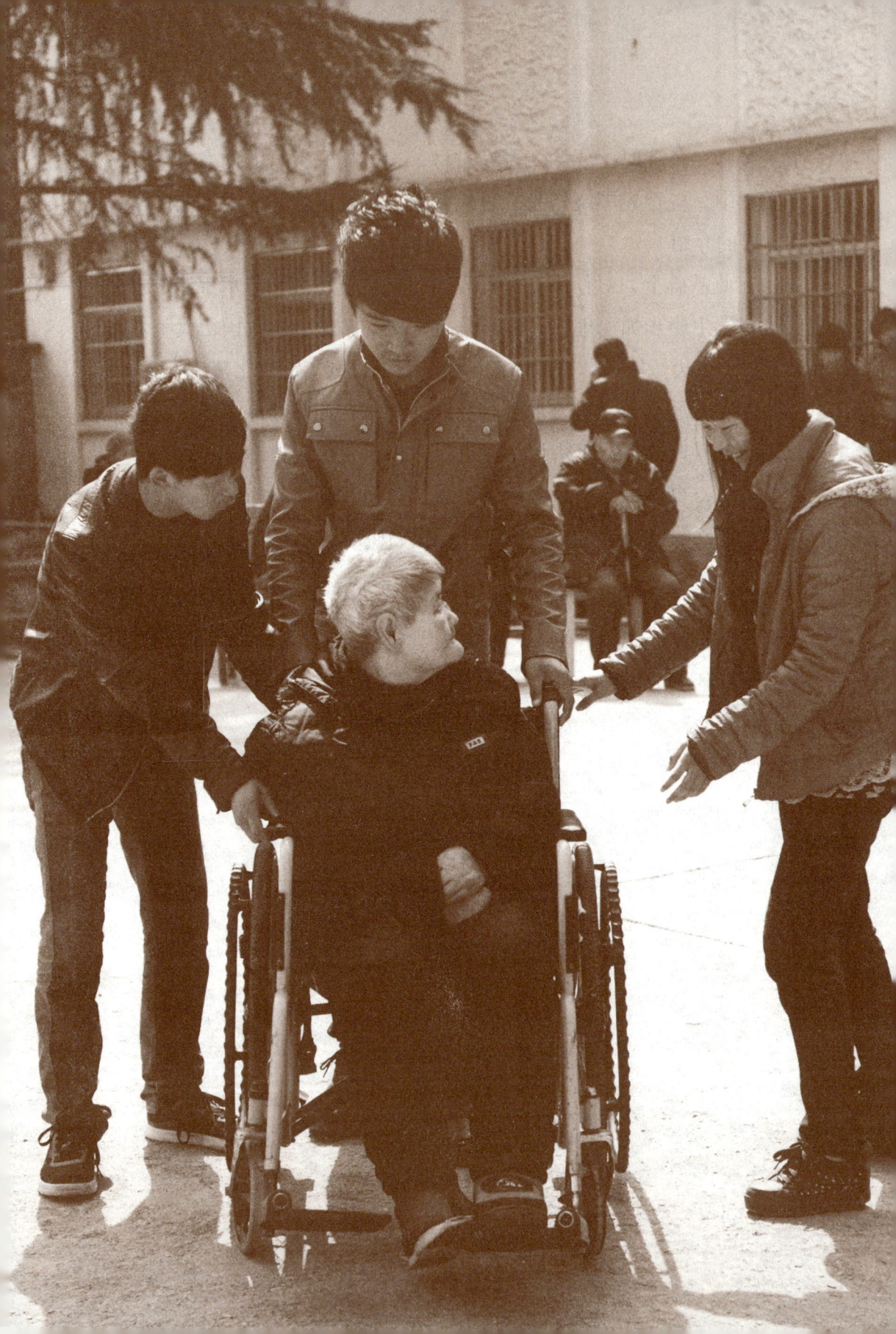

NO2. 学生集体主义教育的方法

集体主义教育的涵义与地位

体主义的涵义

集体主义，是主张个人从属于社会，个人利益应当服从集团、民族、阶级和国家利益的一种思想理论，是一种精神。它的最高标准是一切言论和行动符合人民群众的集体利益，这是共产主义和无产阶级世界观的重要内容。其科学含义在于当个人利益和集体利益发生矛盾的时候要服从集体利益。一切行动和言论以集体为重个人为轻。

集体主义的教育地位

有人说：有德有才是良才，有才无德是坏才，有德无才是庸才，无才无德是无赖，可见，德育在教育中占有十分重要的地位。然而，

德育教育的内涵很广泛这里就集体主义教育在学校德育教育中的地位谈谈一些看法。

社会主义集体主义既是一种价值观，又是处理国家、集体和个人三者关系的政治原则和道德原则，它的主要内容是：坚持国家、集体和个人利益相结合，促进社会和个人的和谐发展，倡导把国家、集体利益放在首位；充分尊重和维护个人的正当利益，发挥个人的主观能动作用；当国家、集体和个人利益发生矛盾时，个人利益要服从国家和集体利益。

在学校的爱国主义、集体主义和社会主义教育链条中，集体主义教育居于承上启下的地位和作用，是一个重要的中间环节，集体主义教育承接爱国主义教育使其更加贴进学生实际，促进爱国主义教育的深化和升华；集体主义思想又是社会主义道德的核心，集体主义价值观又是社会主义价值观的基础，有助于学生树立社会主义理想，坚定共产主义信念。

集体主义教育是社会主义学校教育的重要组成部分，是新时期素质教育的重要内容，同时对促进学生个性的全面发展有重要的意义。把学校作为培育集体意识和观念的起点，作为培养集体主义的摇篮，是世界上许多国家的共识。目前，我们学校进行集体主义教育的目标和内容已经很明确。

目前，进行集体主义教育的重点和难点是途径和方法的问题。学校实施集体主义教育的方法是多种多样的，总的来讲有显性和渗透性教育两种。显性教育的方式我们运用的比较多，在很长的一段时间里取得了良好的教育效果。

集体主义教育的意义与方法

集体主义观念的必要性

面对一个正值青春躁动期的学生群体,任何一个卓有成效的班集体管理者,都是不会忽视集体主义教育的。也许,有人会认为,正是管理者出于自己管理的需要,简单而绝对地行使了自己的权力,导致学生人格成长的压抑扭曲。

1.个体自然成长的需要

从个体的自然成长角度看,自我的成熟往往是学会扮演社会角色,承担社会责任和义务的必要条件。

社会心理学家米德详细描述了自我成长的不同阶段,从模仿他人到学会扮演游戏博弈中的角色,最终形成"概念化他人",说明了自我是在群体中成长的。人格主义心理学家埃里克森继承了弗洛伊德的学说并加以创新,提出社会化的过程就是人格不断完善的过程。另一位人格主义心理学家阿德勒则明确提出,为社会奉献而获得自尊满足的人才拥有健康人格。

因此,要培养学生的健康人格,不能脱离集体主义教育,良好的个性首先表现在拥有和谐的人际关系、必要的社会责任感上。

2.社会现实状况的需要

从社会现实状况看,当今中国的独生子女政策使得不少家庭以孩子为中心,造成青春期的独生子女普遍个人意识较强,一些独生子女

对社会关系的认知较晚。学校的集体主义教育氛围，某种程度上可以弥补家庭环境的负面影响。在现实生活中有种种类型的学生，如依赖型的学生：事事依赖他人，没有主见；任性型的学生：我行我素，不愿合作；焦虑型的学生：遇到小小的困难，惶恐不安，不知所措；逃避型的学生：脱离集体，害怕与他人接触；神经质的学生：情绪变动大，喜怒无常；执著型的学生：个性固执，易走极端。

要促进这些学生的人格成长，引导他们不断向上，没有强有力的集体主义教育，是很难取得成效的。从中国文化的教化经验看，中国文化自古对人性体察入微。人性中，最难克服的是私心、私念。于是，儒家文化教导"己所不欲，勿施于人"、"推己及人"、"己欲立而立人，己欲达而达人"等黄金法则。

在我们的文明传统中，对个人的关注是放在与外界社会、他人的联系中的。如何处理集体与个人的关系，中国文化对此有大量充满辩证智慧的论述。而中国封建统治者对文化长期的政治化曲解，过于强调服从和共性，令中国文化的精华沾染了灰尘。可以说，我们的文化从来没有忽略个人，相反，一直将人格的完满作为人生的要义。由于人性天然的是阴暗与光明的对立统一，后天成长中如何使人格越来越完善，便成了每个人要面对的人生课题，无论他(她)自己是否觉知。因此，我们在今天的教育中，仍然不可忽视集体主义的教育。

如何进行集体主义教育

1.强有力的约束和纪律

提到约束和纪律，班集体初建立时，学生们总有抗拒和逆反心理。即使一个成熟的班集体，学生们偶尔也会控制不住地违反纪律，放纵和越轨也会发生，这是正常现象。

正像社会心理学中指出的：社会化是终其一生的过程。美国社会学家丹尼斯·朗指出，成年人往往也会觉得是违心地活着，无法完全被社会化。一颗年轻活跃的心是不甘心受束缚的，但是，必要的纪律束缚对其成长是不可缺少的。正是因为束缚，才训练了他们对不良诱惑的抵抗力、训练了坚强的意志、训练了对集体和他人的关注。遵纪行为的养成，既需要循循善诱，更需要铁腕制约。制定与操行挂钩的班级规则，及时对违纪行为批评教育，必要时学校公开处分，都有利于纪律的实施。

2.共同的信念和舆论

共同的信念和舆论，使集体被无形的软索紧紧维系起来，使整个集体步调一致，宛如坚强的堡垒。树立优秀的学生榜样，培养学生骨干，有利于班级良性风气的形成，形成良好的班级舆论。

3.普遍的友爱和关心

洋溢在集体中的关爱，是集体的润滑剂。首先，倡导助人为乐。

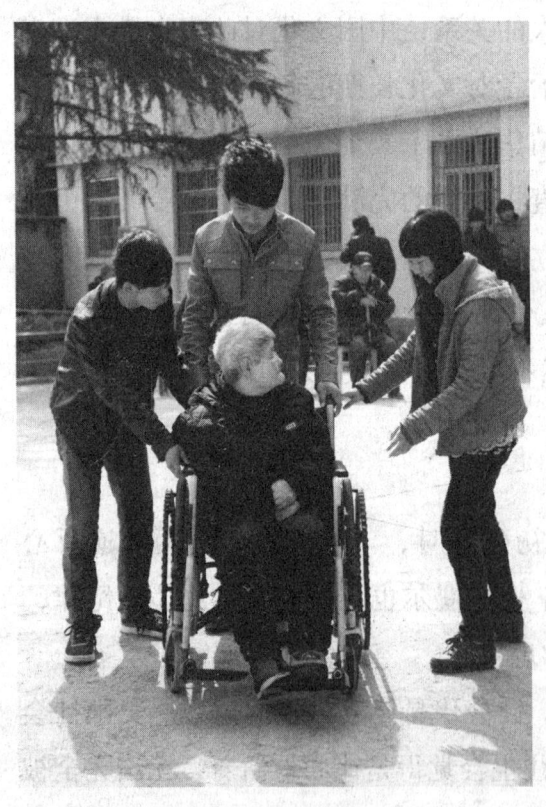

不少学生天性纯良，但是不知道怎么去关心帮助他人。这就需要教育者的示范以及具体的指导，经常进行表扬和批评，帮助养成关心他人的行为习惯。

其次，倡导团结和宽容。集体寄宿生活中，学生难免会发生一些矛盾，产生小群体分化。引导学生互谅互让，彼此宽容，是教育者的一项重要工作。我们遵循的原则应该是尽量化解矛盾，不激化学生冲突，要求学生站在对方的立场考虑问题。

怎样促进学生自主成长

过于强调集体价值观,存在着扼杀个性的危险。我们强调集体主义,只是将集体主义作为一个现实的首要前提加以明确,而不是忽视学生人格的自主独立。在完整的集体主义氛围形成后,学生自主人格的成长 就成为更值得关注的问题。方法策略有很多。

1.对违纪现象区别对待

纪律严格而不容违反,这是对学生的统一要求。但是出现违纪现象时,却要灵活智慧。

(1)掌握度。偷盗和迟到、作弊和忘记关门窗、旷课和请假不及时、抽烟和在教室吃饭都是不同性质的违纪。对此,不可无限上纲,也不可小洞不补。

(2)分清不同学生的个性。纪律的平等性一定要维护,但是对于不同个性的学生,却需不同的教育方法。有的只需点到即可,有的则需重锤敲打;有的需要迂回婉转,有的必须单刀直入。

(3)倾听抱怨。纪律本身刚而不活,过时的规则、不够合理的规则,都有可能存在。因此,学生的抱怨,需要倾听,需要反思。必要时要修改规则,这样既是尊重学生,更是解开了学生身上不必要的束缚,促进了学生人格的成长。

2.集体活动中培养个性

学校和班级的活动往往包含了各种类型和内容。有的是需要个人默默地努力;有的是需要与其他同学合作;有的是需要老师指点;有的需要集体共同的创新。

在这些形形色色的集体活动中,学生的个性得到培养,人格在成长。保守退缩的学生需要鼓励,鼓励其勇敢地挑战自我,参加活动,培养自信。青春期的学生爱面子,怕出乖露丑,怕失败,这时老师最

需要说的话是:"得不到奖没有关系,重在参与,重在锻炼"、"试试看"、"做一件事开始总是难的,多做做就好了"。

狂妄冒进的学生,自我评价过高,如果经常参加活动,看到了有比自己更强的对手,往往自我认知会慢慢变得客观一些。每个学生个性方面的优缺点在活动中表现得比较充分,作为教育者,既要分清不同的个性,因材施教,又要鼓励学生发现自己的潜力,克服原有的不足。

3.鼓励自主学习和创新

学校给学生提供了一个相对自由的学习空间。当学生还带有一些被动学习习惯时,教育者就必须灌输自我学习、自我发展的意识。到了高年级,随着学生自身的成长,独立意识和能力已经有所增强,这时应该结合今后就业与发展,鼓励学生确定自己的奋斗目标。有的学生从众心理比较强,别人自考我也考,别人学英语我也学,别人玩我也玩。对这类学生,要采用优秀榜样的示范法,激发其内在自我前进的动力。

校园集体主义教育的策略

社会是一个集体,家庭也是一个集体,孩子从小生活在家庭中,长大后又生活在社会中,所以从小就应培养孩子的集体主义精神。

集体的好坏,对一个人世界观的形成及道德品质的培养影响极大。因此,每个集体都要创造团结友爱奋发向上的氛围,为孩子的健康成长提供最佳的环境。

家长在配合学校对孩子进行集体主义精神教育时应怎样去做呢?

培养学生集体意识

遵守纪律、团结友爱、关心他人、助人为乐都是热爱集体的表现,个人的利益要服从集体的利益。个人的事再大,在集体利益面前

也是小事,集体的事再小,在个人利益面前也是大事。摆正个人与集体的位置是至关重要的。

集体主义精神对一个人形成高尚情操起着极大的作用,它使孩子豁达开朗,从小有集体荣誉感,有责任心、义务感。这对克服"以我为中心"的自私心理等不良道德倾向,培养道德意志、习惯、自制力、自我评价能力等都有极大的好处。学校教师应有意识地培养学生的集体主义精神。

开展各种集体活动

集体主义教育的重要途径是开展丰富多彩的、适合青少年学生年龄特点的活动,学校教师要鼓励学生参加这些活动。如:体育运动会、文艺会演、诗歌朗诵会等。教师要了解活动要求,协助做些准备工作。活动后了解活动情况,听听学生的反映,给予必要的引导,以

巩固集体教育的效果。

很多教师在这方面为学生做出了榜样。如带着学生为灾区、为希望工程捐款和捐物、指导学生背诵台词、帮助学生制造演出道具、双休日带领学生到花坛捡拾废弃物……这些行动无声地教育着学生，对学生自尊心和荣誉感的形成都起着促进作用。

雷锋有句名言："荣誉从集体来"。集体获得表彰奖励，每个成员都会感到光荣。因此，学校教师和家长都应该支持孩子为集体贡献力量。学生在为集体做贡献的过程中，他们的心灵得到净化，他们的能力得到施展，他们的本领得到增长，他们的友谊得到发展。他们会尝到成功的喜悦，会在挫折面前经受考验。在人生的道路上最初的体验，会影响到孩子的一生。

从培养班集体意识抓起

1.正确认识班集体的概念

班集体是由一个个学生组成的，每一个学生都是集体的一员，都不能脱离集体，都要努力为班集体增光添彩。学生对班集体有了正确的认识，才能处理好个人与集体的关系，要在工作中，十分注重培养学生对班集体的感情，不失时机地进行教育。

2.要培养学生集体荣誉感

正确的集体荣誉感是良好道德行为支柱，它将在学生中产生不可估量的影响。

3.从点滴小事抓起

培养学生关心集体，关心别人的品德，还要从平日的小事做起。有些事虽小，却能反映出一个人思想深处的东西。

总之，学生团结友爱的集体主义精神不可能是一朝一夕形成的，只要我们锲而不舍，坚持不懈，耐心教导，就一定会取得很好的效果。

新生的集体主义教育指导

现在我们的学生都是家中的宝贝,家长们都会尽可能满足他们的需求,因此养成了他们比较自私的倾向。在入学以后,与同学相处中会将自己的利益放在首位;当自己犯错误时更多的是说别人错在哪里,而没有想到当自己犯错会影响同学关系,会对集体利益造成坏影响,影响到集体荣誉。

当新生入校后,要使学生尽快对新集体产生感情和责任感,教师

就必须在开学之前对未来的班集体产生感情和责任感。以集体主义为基石建立起来的班集体,是学生汲取知识、培养能力和开发智力的理想摇篮。

一个健康向上的班级集体不仅是老师渴望看到的,同时也是学生们所向往的。如此重要的工作不但需要责任感,更需要我们每位老师用心、动脑,抓住一切可利用的资源去对学生进行教育。

建立师生和谐关系

师生平等主要指师生在尊严上不分贵贱,人格上彼此尊重,思想上互相交流。班主任应该把自己置于集体一员的位置上,让学生感到老师是他们的朋友,和他们一起建设美好的集体。作为低年级的教师面对什么不懂的孩子,则更应该学会从学生的角度看待问题,去感受他们的思想。以朋友的身份去与他们交流探讨,当他们成功时给予赞美和鼓励。

当他们犯错时又给予及时的提醒,成为学生贴心的朋友。学生之间平等的人际关系主要通过教育学生互相尊重来实现。要让学生真正认识到人与人之间的智力、才能、性格等虽然存在着差别,但每个人都是平等的。

要特别关注那些所谓的"后进学生",发现并发展他自己独特的禀赋与才能。让我们的生活中涌现更多的达尔文、罗丹、爱因斯坦。

建立集体的奋斗目标

确立共同的奋斗目标,有助于学生这种责任感的形成。集体主义教育的实施,在于激励学生自觉地实现集体的目标,要充分相信学生,即使是看起来似乎最缺乏上进心的孩子,其心灵深处也有着"我的班集体,各方面都应该最好"的渴望。这个集体目标可以是某一方面的,也可以是某一阶段的。师生共同为之努力时,这个目标就引导着集体不断前进。从某种意义上说,班集体形成发展的过程,就是实

现一个又一个集体目标的历程。

组织公平的学习竞赛

提供大量的创造机会,班级的集体学习,是学生获得集体主义营养的又一渠道。班主任要善于让学生在获得知识的过程中,通过各种形式的学习活动建立起集体主义的关系,互相帮助、互相监督、互相激励。

把个人的学习态度、学习成绩与班级荣誉联系在一起。可以开展小组与小组之间的竞赛评比,不同层次学习团体之间的评比,男女生之间的学习竞赛评比。并在班中为学生提供大量可创造机会,让每个学生都承担起班内事物,展示自己的才能,让学生在成功的喜悦中体会到为集体奉献的幸福。

形成健康的集体舆论

学生生活在班集体中,我们就应尽量使他们感到集体对自己的关注和监督。班主任要善于引导集体舆论,把自己对某一学生的关心、表扬、批评,转化为班集体对某一学生的关心、表扬、批评,那么,学生会真切地感到集体的存在,感到自己与集体有一种融为一体,不可分离的联系。因此,高明的教育者总是把自己的教育意愿以集体舆论的形式表达出来,通过集体去影响每位学生。

在班级中的集体主义教育

无数班级管理的实践表明,一个优秀的班集体具有巨大的教育功能,它是铸造优秀学生,熔化改造后进学生的熔炉。一个学生表现无论有多不尽如人意,如果来到一个优秀的班集体里,则很可能在无形中得到改造。

在班级建设中进行集体主义教育

那么该如何建设一个优秀的班集体呢?教育科学及优秀班主任的经验告诉我们,班集体的建设应该注重许多方面。比如,培养学生热

爱集体等集体主义精神；提出共同奋斗目标，引导学生为实现共同目标努力；建立强有力的领导核心和健全的组织机构；制定并实施共同的行为准则和组织纪律；培养健康的集体舆论和良好的班风；建立良好的人际关系，等等。

具体操作时，可抓住一个或几个方面作为班集体建设的突破口，以带动和促进整体的发展。让集体主义精神熠熠生辉。

抓好"三个时段"的集体主义教育培养集体主义精神就是要让学生形成热爱集体、团结友爱、集体荣誉感和集体责任感、集体自豪感等品质及集体主义价值观，同时让他们在集体中满足友爱、归属、温暖等心理需求。培养学生的集体主义精神的教育策略、途径和方法很多，这里只从"开学"、"平常"和"非常"三个时段来讨论如何培育学生的集体主义精神。

1.开学阶段的集体主义启蒙教育

（1）在开学时建立良好的"第一印象"。日常人际关系中的"第一印象"是至关重要的，班集体建设也是如此。学生对新班的最初印象将直接影响以后班风的形成。因此，对班主任来说，新集体的建设早在新生入学之前就开始了，他必须苦心酝酿着使新生迅速形成"集体"的计划，精心地为"导演"集体主义"开场戏"而作各种准备，胸有成竹地迎接着新集体的诞生。

（2）在班会中萌发"爱集体"的情感。利用主题班会的机会对学生进行教育是有很好的效果的。

（3）让学生在设计班徽中产生自豪感。一个班级就是一个集体，也是一个学生社会，有着自己的风格，有着区别其他班集体的特点。因此为班级设计班徽是很有意义的。

具体可让学生自己动手设计，让他们分成若干小组，精心策划。最后对每一小组的班徽进行评比，选出最佳作品作为班级的班徽。设计好

的班徽可以张贴到教室醒目的地方,也可印在学生的学生证上。让同学们能感受到班在我心中,为我是班学生而自豪。此外发动全班同学一起创作班歌、讨论班名等,也有利于培养学生的集体主义精神。

2.平常时期的集体主义深化教育

(1)培养学生集体荣誉感。"班级日记"有利于培养学生的集体荣誉感和自我管理的能力,学生在班级日记中不仅对好人好事进行表扬,而且对那些有损于班级形象的人和事也进行批评,同时还对班上同学的思想状况、学习现状进行分析评价,有时甚至展开讨论。在这种正确舆论的引导下,学生都不知不觉地开始关心班集体的荣誉,维护班集体的形象,从而使大家都加入到班级管理的行列之中。

(2)让学生感受集体温暖。可以利用一些特殊时机让学生感受到集体的温暖,如学生过生日时,送上大家的祝福;学生请病假返校,让全班同学鼓掌欢迎;当学生犯错时,让班集体满腔热情地帮助他,

而不是排挤他。这个活动拉近了学生与学生、学生与班主任以及任课老师的心理距离。

通过感受集体的温暖,学生就能感受到集体的存在,进而意识到自己就是集体的一员。

(3)增强班集体的凝聚力。要想形成一个良好的班集体,互爱教育很重要。这互爱教育指的是师生互爱和生生互爱。真心地关爱班级里的每一位学生,同时切实地引导学生之间相互关爱,相互信任。

(4)强化学生的主人意识。集体财产与集体观念是联系在一起的。在班级内有意识地设置一部分属于大家的共同财物,交给学生自己管理与使用,这是培养学生集体主义精神的又一种行之有效的形式。由于这些财物是由师生们共同创造、共同管理、共同享用的,因而它既属于集体每一个成员,又同时属于大家,但谁也无权像支配私人财富一样来支配集体财物。

公有财物不仅有助于学生形成爱护集体财产如同爱护自己眼珠一样的品质,还把集体利益与个人利益结合在一起,在管理、使用的过程中强化了学生"我是班集体的主人"这一意识。

3.非常时期的集体主义强化教育

(1)在竞赛活动中让学生体验集体的成功。学生的集体荣誉感常常是在不断肯定班集体的成功中形成的,而学校开展的各项活动正是学生创造和体验班级成功的适宜载体。

因此当学校布置活动时,首先要发动学生积极参与,你不仅是为自己争光,也是为班级争光,每个人的表现关系到班集体的荣誉,并引导学生作好相关准备,努力争取班级出成绩。在活动过程中要尽量让更多的同学参与,如有的同学没有直接参加体育比赛,就让他们加入拉拉队、服务队等。

这样参赛的学生能感受到集体的力量,没有参赛的同学心里也时

刻装着班集体的利益和荣誉。每一次活动之后，都要进行总结，细数每个同学的表现以及所取得的成绩，最后都不忘说这些成绩的取得和全班同学的努力是分不开的。通过这样一次次的引导，学生的集体荣誉感得到了不断的强化。

（2）在消极事件中挖掘集体主义的教育因素。举例说明：一次放学后，几位小朋友在教室里玩纸飞机，玩疯了，把桌子凳子搞得歪歪斜斜的，有的凳子歪倒在地，废纸丢了一地，玩完后他们就不管不顾地走了。

老师刚走进教室看到这一情形的时候，非常生气，可不一会，心中便有了主意，先把倒在地上的凳子扶起来，把桌子凳子放整齐，然后把地面打扫干净。

第二天在教室里表扬做好事的"同学"："昨天有几位同学在教室里玩纸飞机，把地面搞得很脏，凳子倒了，桌子也歪了，班里差点被扣分。幸好有几位同学很关心集体，爱护集体的荣誉，他们悄悄地把教室课桌和凳子放整齐了，把地面也扫干净了。大家看看，现在我们的教室是不是很干净、很整齐？"有几个学生红了脸，低下了头，其他同学你看看我，我看看你，大家都在猜测究竟是谁做了好事？接着问大家："你们愿意向谁学习呢？"同学们纷纷举起小手回答："向悄悄做好事的同学学习""学习关心爱护集体荣誉的同学""不能学玩纸飞机的几位同学"。

应用"谎言效应"收到了意想不到的效果。从这件事中，我深深地体会到，如果能够运用教育智慧挖掘消极事件中的积极因素，有时能起到"化腐朽为神奇"的作用。在积极事件中扶持集体主义的萌芽。

在班级管理中进行集体主义教育

从学生的发展角度来说，已能明确意识到自己是班集体中的一名成员，能逐步把集体的要求转变为自己的要求，把班集体的荣誉当作

自己的荣誉，服从集体的要求，完成集体所交给的任务。

在这个时期，班集体内部成员也逐渐分化，一部分各方面能力较强的儿童开始崭露头角，成为班上各项活动的积极分子，逐步成为集体的重要支柱和教师的得力助手；另一部分儿童则成为班里的基本群众，这就是小学儿童的班集体在组织和纪律上得到巩固和加强，形成真正的集体。针对学生特点，我们可以从以下许多方面实施。

1 培养学生集体主义的认识

（1）制定班集体共同目标。目标是一定时期内对集体或个体的行动所期望达到的结果，它对全班学生的活动、行为具有明确的导向作用。根据《小学生守则》、学校的教育要求和本班学生的具体情况，引导全班学生设定班集体的共同目标，简明、精炼地概括为"团结、勤学、活泼、守纪"八个字。使学生认识了这个班集体共同目标的内容，明确了自己行动的方向，并努力用自己的行动去实现共同目标。

（2）当好班集体领路人。班主任作为班级的组织者和领导者，是学生健康成长的领路人，在培养良好班风中起主导作用。小学阶段是人生极具可塑性的未定型时期，小学生总是把班主任作为自己学习和效仿的楷模。小学生只有爱他们的班主任，才有可能爱班集体。因此，肩负着为人师表的神圣职责的班主任，育人必须先育己，要努力塑造自己崇高美好的人格形象和学术形象。

（3）培养班级小干部。培养良好的班风，光靠班主任完美形象的力量是不够的，在班集体的共同目标设定之后，要使每个目标得到全班学生的拥护和认同并进行实现，还要组建一个坚强有力的班队干部班子。

班队干部是班集体的"龙头"，在带领同学实现目标中，起着表率和桥梁的作用，培养一批优秀得力的班队干部，是建设一个团结友爱、积极向上的班集体的关键。在组建干部班子中，首先要认真挑选干部。班队干部应具备热爱集体、为同学服务的思想；有踏实工作、认真负责的精神；有勤奋好学、道德优良的品质。

班队干部的能力是靠实际锻炼和班主任教育培养出来的。教育培养学生干部，要坚持做到：严格要求不护短，耐心帮助不急躁，大胆放手不包办。班队干部的素质提高了，能力增强了，威信树立了，就会成为班主任的得力助手，为培养良好班风起了核心的作用。

（4）培养集体荣誉感。集体荣誉感是一种无形且有效的约束力量，在一个形成了集体荣誉感的班级里，谁做了有损于集体荣誉的事，谁就受到集体舆论的谴责，从而使每一位学生感到，做了损害集体荣誉的事是一种耻辱。这就促使他们为维护集体利益，服从集体需要，去努力弥补自己的弱点或缺点。

对小学生进行集体主义思想教育，培养他们的集体荣誉感，使每个学生都能自觉地关心集体，热爱集体，把自己的一言一行与集体荣

誉联系起来，为集体出力作贡献是21世纪合格的建设者和接班人的重要品质。

2.培养学生的集体主义观念

集体主义，简言之，就是一种一切从集体出发，把集体利益放在个人利益之上的社会主义、共产主义的基本精神。一个集体主义观念较强的班级，全班学生往往朝气蓬勃，奋发上进，互相砥砺，凝聚力强，学习和各项活动卓有成效；同时也能减轻教师的负担，特别是使班主任从繁忙的事务中解脱出来，把精力集中在教育、教学的研究上。

因此，班主任在培育学生崇高品德和美好情操时，应把培养学生的集体主义观念放在重要位置。就培养学生的集体主义观念，主要采取一些实用的方法，如：

（1）参与班级管理中，培养学生的集体主义观念。在全面实施素质教育的今天，班级工作应最大限度地依靠民主管理，班主任应充分发挥每个学生的积极性，让大家施展才华，经受锻炼，增长才干。

这样学生在参与班级的管理中，才会逐渐增强主人翁责任感，懂得珍惜集体的荣誉，在平时的言行举止中，就会更主动更自觉的关心集体的工作，维护集体的利益。

（2）在文体活动中，培养集体主义观念。一次成功的集体活动，可以激发学生对班集体强烈的向心力，大大增强学生的集体主义观念。

班主任应该充分抓住开展每一次文体活动的机会，精心设计策划，精心组织实施，让学生在活动中逐步认识到个人与集体的关系，体会到只有将个人的才智融汇于集体的事业之中才有意义，才有价值。

（3）在互助活动中，培养集体主义观念。人生在世，困难、挫折、失败总是难免的，在一个班集体中，总有需要援手帮助的学生，班主任应抓住时机，动员大家奉献赤诚之心，培养学生高尚的情操，让处于困境中的同学感受到集体大家庭的温暖。在人世间，感情总是

相互的，得到了集体的爱，同学们怎么会不爱自己的集体呢？

（4）在舆论宣传中，培养集体主义观念。正确的舆论是个人和集体发展的巨大教育力量，是学生进行自我教育的重要手段，它对学生的言行具有极大的约束力，同时又具有无形的导向力。利用舆论来培养学生的集体主义观念，能够开创"好人好事有人赞，坏人坏事有人抓"的局面。

爱，首先意味着献出，意味着把自己心灵的力量献给所爱的人，为所爱的人创造幸福。班主任在教育和组织学生献爱心的时候，要向学生反复强："人人为我，我为人人"，"一人为大家，大家为一人"，"一人为全班，全班为一人"的意识。同学们这样想，这样做，与他人、与集体的关系就融洽和谐，就会更主动自觉的去关心他人，关心集体。

3.培养学生集体主义道德意识

我们知道，小学生幼稚、单纯，容易接受积极健康的思想教育。但是，他们由于鉴别是非好坏的能力较弱，也容易受到社会上不良思想的影响。

现在社会上不少人受"拜金"主义影响，群众中有一般专讲"实惠"的思潮，它在不同程度上影响了部份小学生的思想，致使孩子们不关心集体，不愿为集体出力，不肯为集体做事。在我国改革开放的今天，培养具有良好的心理素质、热爱集体、乐于奉献的一代新人，显得尤为迫切、重要。为此，教师必须重视小学生集体主义道德意识的培养。

（1）教师以身作则言传身教。美国教育心理学家索理认为："学校、班级是一个社会团体。"在小学里，"全班是一个正常的初级的社会团体。"如何能使这个"社会团体"中的成员沿着社会所希望的正确方向健康成长，起关键和决定作用的人，应该是这个"社会团

体"中的领导者即教师。

为培养学生的集体主义思想,教师首先就要热爱为集体、为国家培养人才的教育事业,热爱学校,热爱每一位学生,在学生中树立教师的光辉形象,以自己的一言一行去影响和教育学生。

(2)教师采用正面教育方法。小学生思维的特点是以具体的形象思维为主要形式,向抽象的逻辑思维过渡。根据小学生这一心理特征,我们对孩子们进行集体主义道德意识教育,切忌空洞说教,而要密切联系他们的思想实际,采取形象化的正面教育方法。

(3)教师组织学生集体活动。在活动中增强学生的集体主义意识,小学生好动,情感表现比较明显,我们可以围绕爱祖国、爱学校、爱班级等主题开展班队活动。在班队会上,全班就是一个大舞台,使每个学生都有发挥智慧、作用的位置,人人参与,让集体主义精神在每个学生身上闪光。

小学生的集体主义道德意识教育是素质教育的重要组成部分,必须从小抓起,从小事抓起,而且要坚持不懈抓得深细,一定要抓出效果来。

独生子女的集体主义教育

　　独生子女在学龄前普遍在生活环境相对封闭,与同龄人接触较少,父母期望值和关注点集中的特殊心理养成状态中发展着自己的集体观念。

　　踏入校门以后,班集体开始对他们的人格养成发挥作用,针对独生子女心理、生理和特殊的接受视野,开展行之有效的措施,能更好地培养他们积极的情感品质和良好的个人意志品格,养成他们健康向上的人格和价值观。

五彩校园文化艺术活动丛书

和谐的班集体环境

班集体作为一个良好的微观社会环境，对独生子女的成长产生着直接而巨大的影响作用。独生子女随着年龄的增长，独立意识增强，愈益需要与他人交往，特别向往集体生活。希望通过与他人的合作克服学习和生活中的困难；希望在各种丰富多彩的集体活动中发挥自己的潜能，表现自己的才能和特长，吸引别人，得到别人的尊重和赏识，进而发展自己，完善自己；希望生活在集体中，尤其是以同龄人为主的集体生活中，与同伴结成和谐平等的人际关系。

班集体作为一个微型的"社会环境"。为独生子女提供第一次施展才能、发展能力的舞台。由于集体主义观念始终是班级意识的核心，主导着班级的心理过程和文化氛围，一个班级在组建以后，经过教师的指导，全体成员按照一定的教育目的、任务和要求，遵循一定的教育原则、方法和手段齐心协力，共同奋斗，逐渐形成稳定的组织结构以及和谐的人际关系。个体的发展目标和价值取向逐渐与集体协调起来。

自觉遵守学校各项规范。共同参与班级活动的氛围开始形成，这样的环境最有利于独生子女的个性在相互交往和共同活动中得到良好的磨合发展。在这样稳定的组织结构中，个体能自主地开展活动，成员凝聚力也能得以彰显，从而从根本上颠覆和打破了独生子女学龄前的生活状态，容易融入集体之中。

科学的情感教育

对"集体主义"这种社会人格的培养和塑造借助情感教育的方式，最能促使师生间情感的融洽、心灵的沟通，从而把握学生情感的脉搏，发挥学生的主体作用，产生教育亲和力，使教育达到最佳效果。

1.树立明确的教育目标

教育目标从情绪层面上讲是要激发独生子女积极、愉悦的情绪，

营造健康向上的集体氛围。从具体内容上讲要培养他们热爱集体生活、积极参与各项公益劳动及社会实践活动的良好习惯。培养他们具有协调良好人际关系。解决集体中矛盾的动力,培养他们责任感、进取性、创造性、自主性等意识品格。

2.培养热爱集体的情感认同

从培养他们的集体荣誉感作为重点,使每个成员都能自觉地关心集体、热爱集体,把自己的一言一行与集体的荣誉联系起来,为集体出力作贡献。让他们真切地感受到集体主义是班集体建设的灵魂,也是班集体这个"家园"的生存之基。

3.明确"集体"与"个体"的不同概念

独生子女要学会从以往个人的生活圈中自觉地走出来,正确处理好个人与集体、个人与他人、自由与纪律的关系,养成适应集体生活的习惯,使个体在集体生活中日益成熟起来。

营造教育氛围

培植独生子女集体主义思想萌芽的深厚土壤,用情感教育为他们的人格、品质"浇水施肥"。是需要一个具有集体关怀为特征的班级氛围作基石。

1.营造"爱"的氛围

教育者要满腔热忱地对待包括独生子女在内的所有班集体成员,热爱他们,给予他们尊重、关心和理解。帮助他们树立自信心,强化他们积极的情感体验。开展有意义的活动,为他们创造成功的机会。为每个成员在班集体中找到适当的位置,展示自己的才能,由此而改善个人与集体、个人与个人的关系,培养同学间的友谊,协调师生间情感,使班集体中个体得到肯定、尊重、温暖和平等相待,形成一种团结、互助人际关系融洽的风气,使他们感到班集体的温暖。

2.营造"责任"和"荣誉"氛围

以情感教育为核心，培养独生子女集体责任观念和集体荣誉感。根据教育教学规律和学生实际情况，把握教育时机，向他们讲清"责任心"的内涵以及怎样学会承担的责任心道理。在明白道理的基础上，提出类似"我是集体小主人，我为集体争光荣"的目标，采取积极有效的措施。如团队活动、义务劳动等集体行为中的个人负责制带领学生去实现目标，帮助他们确立为大家，为集体服务的思想，确立集体荣誉感和责任感。

3.营造"主人翁"的氛围

培养独生子女的自主意识，针对独生子女集体意识相对淡薄。参与性较弱的客观情况，把他们置于班级主人翁地位，使他们无一例外地参与到班内的各项活动中来，自觉成为班集体的主人。调动他们自主管理的主观愿望，引发他们自主管理的动机。

运用情感激励，榜样激励，奖励激励等手段能全方位地激发他们参与集体管理的动机，获得不同的心理体验。产生参与管理的心理欲望，从而真正在集体中找到自己的"一席之地"。真正感受到自己是集体的一份子，体验到集体主义的内涵和自身的价值所在。

多渠道加强集体主义的教育

教师要教育学生尊重他人，理解他人，帮助他人，逐步养成无私奉献精神，自觉维护集体的利益。不断培养学生全心全意为人民服务的高尚情操，以高度的主人翁意识和无产阶级的世界观、方法论去观察问题、分析问题的能力，正确对待社会，正确地对待他人，正确地对待自己。

强化课堂主渠道

1.紧扣教材渗透点

在教学过程中，结合学校德育渗透要点，及时对学生进行集体主义教育，不断培养学生集体主义情感，增强集体主义信念，提高集体主义觉悟。今天，每个中学生都生活在集体中，都应该认真履行自己的社会责任，甘愿为集体增光添彩。

2.处理个人与集体关系

集体是个人成长的摇篮，它为个人的成长提供了必不可少的条件，如果脱离了集体，个人就成了无源之水，无本之木。个人是组成集体的最基本因素，集体的发展要靠每一个成员的努力。这就如同一座高楼大厦要由一块块小小的砖头砌成一样，因而说，个人是组成集体的活细胞，没有这样一个个活的细胞，就不可能有任何集体的存在。

3.利用好主题班会

主题班会是班会的一种类型。它是全班学生在老师指导下，围绕

一个主题开展的一种生动活泼的自我教育活动。它既是对学生进行集体主义的有效途径,也是形成和巩固集体的重要手段。

开展二课活动

组织丰富多彩的课外活动是对中学生进行集体主义教育的重要组织形式,它对完成中学教师的教学任务起着不可替代的补充作用。

1.组织兴趣小组

组织兴趣小组活动的目的是为了让学生更好地认识自然和社会,激发爱国主义热情,增强集体主义情感。现代意义上的兴趣小组,不可能像课堂教学那样具有统一性,而是表现为多种多样的内容,如文化科技活动,文艺体育活动,学生社团活动,读书演讲活动,社会政治活动等。多种多样的组织层次,有全校性、全年级或全班的,也有小组的等。

2.举办艺术节

我们学校每年举办"金秋"艺术节。在艺术节期间,除了作品展、摄影作品展、小发明创造展及大型文艺演出外,还组织诗歌朗诵、"我为学校添光彩"演讲比赛等丰富多彩的活动,这些活动既发挥了学生特长,又增加了学生乐趣,无不闪烁出集体主义光辉,从而深化了集体主义教育。

3.开展社会实践

社会实践是使学生巩固、加深、扩大知识面,充实丰富精神世界的"第二课

堂"。通过组织学生参加社会调查、参观访问、社会服务以及与社会上有些单位共建文明等活动，帮助学生了解集体，认识社会，把理论和实践有机的结合起来，从感性知识上升为理性知识，提高了思想深度和认识水平。

从多方面入手

1.建立良好的学生集体

要加强集体主义教育，就要建立良好的学生集体。正如马卡连柯指出的那样："只有建立了统一的学校集体，才能在儿童的意识中唤起舆论的强大力量，这种舆论的力量，是支配儿童行为并使它纪律化的一种教育因素"。

2.用集体主义精神调节言行

青少年学生性情活泼好动，精力旺盛，难免在课余生活中做出一些"出格"的事来，我们要适时把他们的积极性和志趣引导到正确的方向上来。

3.实施集体主义教育

从组织集体到集体活动，都离不开学校为其提供必要的物质设备，全体教师尤其是班主任，更是集体活动的直接组织者和指导者，他们的作用是为了更好地发挥学生的主体作用和积极创造精神。

加强学生集体主义教育，是时代要求，是广大教育工作者义不容辞的责任，我们要高扬集体主义这面正确价值导向的旗帜，抵制个人主义思想，使人们重建社会主义的精神家园，造就一大批社会主义的建设者和可靠的接班人。

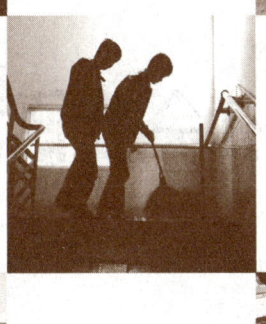

NO3. 学生社会公德教育的指导

社会公德教育的指导与实施

社会公德是每一位现代社会的公民都必须遵守的规范。社会公德教育是道德教育中的基础环节,是维护人类秩序、调节人际关系的最基本的需要,也是人们社会生活最基本的需要。社会公德教育目标是促使学生进行社会公共道德的内化,即知、情、意、信、行,的转化,把习得的公共道德知识潜移默化到学生所履行的社会公德行为之中。

社会公德教育的必要性

从学生当前社会公德表现现状与学生的行为可看出他们仍缺乏公共道德：课桌上布满"伤痕"斑斑点点，墙壁上粘着乌黑的鞋印、球印，公共书刊残缺不全，公共场所大声喧哗，学生中偷窃、欺骗、暴力行为、逃学和迷恋游戏网吧的案例时有发生，因此在我们的德育工作中应加强对学生社会公德素质的培养。

从造成这种现状的原因可以看出，当前的教育方法越来越不能满足现代社会的需要。因此，道德教育的各层次包括教育目标、教育方法及教育途径都需要进行加强改进。同时家长的教育方式和方法也需要加大改进，现在的中小学生大多数是独生子女，是家庭的核心人物，从小就受父辈、祖辈过多的关心爱护，凡事以自我为中心，缺乏公共道德意识。家庭不良的教育方法使学生任性自私，傲慢无理。粗暴专制的家庭教育使学生暴躁冷酷，粗野蛮横。这种状况给学校的德育工作带来困难和阻力。

社会公德教育的作用

1.约束作用

如果某人或某个团体违反了公德所确定的行为规范就会受到社会舆论等社会力量的谴责，也会受到国家的干预，使之受到必要的惩罚，从而促使人们遵守社会公德规范，约束自己的行为。

2.规范作用

社会公德作为学生的行为规范，确定了学生在社会公德领域哪些行为是道德的，是可行的，哪些行为是不道德的，是不可行的，从而对学生的行为起到规范作用。

3.向导作用

社会公德作为学生的行为规范，确定了学生的行为轨迹路线，要求学生按着规范的要求去行为，对符合规范的行为学校和社会予以表

彰、奖励，否则，予以谴责，直至采取措施处理,从而保证规范的实施，为学生的行为指明了方向。

社会公德教育的实施途径

对青少年学生进行社会公德的教育需要考虑到学生的心理状况和思想发展水平，他们的心理具有独立性、叛逆性，不能只靠说教，应引导学生进行自我加工和自我创造。把外在的教育影响，变成学生自身社会公德认识重组的需要，这是培养学生良好社会公德的关键。

学校社会公德教育的出发点和最终目的，就是要帮助学生实现社会公德的内化。内化是人们态度体验变化的最终阶段，指在思想观点上与他人的思想观点一致，将自己所认同的思想和自己原有的观点信念融为一体，构成完整的价值体系。

学生在内化过程中解决了各种价值的矛盾冲突，当个人按自己内化了的价值标准去行动时，会感到愉快和满意。而当出现与自己的价值标准相反的行动时，会感到内疚、不愉快，这时，稳定的品德就形成了。

所谓社会公德内化，是指学生把一定社会的公共道德要求，转化为自身的需要。通俗地说，就是学生对公德教育的要求入耳、入脑、入心，从而变成自己的行动。因此，帮助学生实现社会公德内化，完成知、情、意、信、行这几步骤的转化就是社会公德教育的最终目标。而要完美完成知、情、意、信、行，就要做好一些观念意识的培养。

1.责任意识的培养

作为社会的成员在社会中生活，不能只知道在社会中索取什么，还应该对社会有所付出，要对他人负有一定的使命、职责或任务，要承担对社会和他人履行义务的道德责任。培养责任意识就是要培养学生全面、完整的社会性道德观念。

2.平等观念的培养

教育学生在现代社会中与人相处如何平等地处理各种复杂的关系，并在处理这些关系时能摆正自己的位置，作出适当的反应。既不能当处于被动地位时，无原则地屈从 盲从于外部力量，也不能一旦处于优势地位时，便以为高居人上，得意忘形，甚至行为荒唐。

3.公正行为的培养

教育学生在社会中的行为不能总是单纯地从个人或小群体利益出发，把个人和小群体的利益看得高于一切，利益即是道理，不讲公正和公理。不能去建立自己的小团体，拉帮结派，为了个人或小团体的利益不择手段，损害他人利益，违法乱纪。

4.诚信之道的培养

人无信不立，以诚立人，以信立业，诚信是道德修养的起点。要教育学生信守对自己和别人的承诺。诚信是对他人的诚实和别人对你的信任，是现代社会交往的基础。

5.宽容之心的培养

宽容，首先是对世界文化的慎思明辨，兼收并蓄。人和人之间尊重人权，尊重人们不同的兴趣、文化、信仰和种族身份，人与人之间关系融洽、奉献爱心，相互合作、和谐发展。其次，宽容是人际关系的宽松和睦，这是建立在严于律己，宽以待人之上的，要能容忍不同的意见、不同的想法，去思考不同意见的合理性；特别要尊重他人，处事要公正，要与人为善，成人之美。

6.善之情的培养

友善要求每一个人对整个社会、整个人类有一种广泛的同情心、爱心，要尊老爱幼、助人为乐，在现代社会交往中提倡人与人的沟通、人对人的热情和尊重。

教学中的社会公德教育指导

社会公德教育的涵义

社会公德教育,是我国学校教育的基本内容之一和重要组成部分。与智育、体育二者关系相辅相成,对受教育者各方面素质起导向和促进作用。

德,指人的品质。从政治角度来说,德意味着一个人的政治觉悟、阶级觉悟、思想觉悟以及政治品质;从社会学角度看,德育则意味着一个人的道德品质、风貌、风格、品行等;在人际关系上表现为为人处世的表现;在心理学上,可解释为人的意志、兴趣、爱好、情感、情操等。

学科教学中德育的渗透

从实践中不难看出,各科教学正是向学生进行思想品德教育最有效的途径。思想品德及政治课是向学生比较系统地进行思想品德教育的一门重要课程,任课教师应以大纲为依据,运用教材联系学生实际,着重培养学生的道德情感,提高学生的道德认识和道德判断能力,以指导他们的行为。而其他各科教学对培养学生良好的思想品德素质也具有重要作用。

任课教师要在全部教学活动中,注意培养学生良好的学习态度,学习习惯和良好的意志品格,促进学生养成文明行为习惯,要根据各科教学大纲中关于思想品德教育的要求和教材中的教育因素,按各科

自身的教学特点,自觉地、有机地在课堂教学中渗透思想品德教育,下面以语文学科为例。

众所周知,教学必须遵循一定的教学原则,而在语文学科教学中遵循的第一条原则就是语文训练与思想教育相统一的原则,简称"文道统一"。

语文训练与思想教育相统一的原则是一条根本原则,它体现了语文教学的特征和本质。这条原则揭示了语文教学活动中教养因素和教育因素、智育与德育、教学形式和内容等方面的关系。

1.教养、教育因素

语文教学活动包含着相互关联、相互依存不可分割的两个教学因素,即教养因素和教育因素。语文教学在传授语文知识的同时,进行听、说、读、写四个方面的能力训练,使学生熟练掌握和运用语文工具,这就是教养因素。这个因素决定了语文学科的基本性质是基础工具性。

但由于语文连结着人类社会精神,文化思想意识,是人类表达思

想，进行社会交际交流思想的特殊工具，因此，要切实有效地进行语文训练，不能脱离他本身具有的思想教育因素。思想教育渗透在教材中，贯穿在训练内容中，这就是语文教学的德育因素。

2.从目的上来看

从语文教学的目的上来说，语文教学的目的包含着相依相存的两个方面，他们互为前提，互为因果，互为表里。思想教育作为目的，离不开语文训练；而语文训练作为目的也同样离不开思想教育，这两个目的，是一个统一体。语文训练与思想教育相统一是一条历史规律，古今中外概莫例外。

3.从内容上来看

从语文教学的内容来看，现行《大纲》在"教材内容"中规定："语文要选取文质兼美，适合教学的典范文章。"还要求教材要思想内容好，入选的作品，要符合教学目的中提出的思想教育要求，有助于培养学生从事现代化建设的献身精神，有助于学生树立辩证唯物主义和历史唯物主义世界观。

选取古代作品，要体现批判继承的原则，入选的外国作品，要有进步的思想内容。为了培养学生的分析辨别能力，可以选少量并带有消极因素而艺术性较高的名篇。

思想品德与社会公德的教育

人们在履行社会义务或涉及社会公众利益的活动中应当遵循的道德准则。与"私德"相对,公德指与组织、集体、民族、社会有关的道德,私德指个人品德、作风、习惯以及个人私生活中的道德。社会公德是人类在社会生活中根据共同生活的需要而形成的,如遵守公共秩序、讲文明、讲礼貌、诚实守信、救死扶伤等。它对维系社会公共生活和调整人与人之间的关系具有重要作用。

社会公德的理解

社会公德就是:一个国家,一个民族或者一个群体,在历史长河中,在社会实践活动中积淀下来的道德准则,文化观念和思想传统。社会公德作为一种无形的力量,约束着我们的行为。只有遵守社会公德的人,才会被人们所尊重。那些违反社会公德人,将被人们所不齿。社会公德的内容并不是一成不变的,随着历史的演变也变得更加丰富多彩。

为了更好的融入这个社会,处理好人际关系,我们青少年学生必须具有良好的个人修养。个人修养作为一种无形的力量,约束着我们的行为。

只有具有良好的个人修养的人,才会被人们所尊重。当然,个人修养的内容并不是一成不变的,它随着实践活动也变得更加丰富多彩。关于个人修养的讨论和研究,从很早的时候就开始了。古人曾经

提出过"修身养性",现在我国也把思想品德作为学生的必修课。

尊老爱幼、助人为乐、拾金不昧等这些传统美德深深的影响着一代又一代的中华儿女。当然,我们也应当用与时俱进的眼光来看待社会公德。

毋庸讳言,受各种不良因素的影响,社会中部分成员以自我为中心,一味追求个人利益最大化,缺乏守法意识,缺少爱心和良知,将遵守公共秩序、爱护公共财物等社会成员应当遵守的基本社会公德抛之脑后、弃之不顾。

君不见,井盖频繁失窃、景观灯被打碎、果皮箱被踢翻……这些与文明行为格格不入的社会现象无一不在拷问着市民的素质。文明,究竟离我们有多远?

自觉遵守社会公德

社会公德作为人类社会生活中最起码、最简单的行为准则,是和广大青少年学生的切身利益密切相关的,是适应社会和人类的需要而产生的。它对人们的社会生活具有特殊且广泛的社会作用。每个社会成员都应该自觉遵守社会公德。

遵守社会公德是维护社会公共生活正常秩序的必要条件。社会公德是维护公共场所正常秩序和安定环境、维护现实社会生活的最低准则,是人们现实社会生活稳定发展的基本条件。

遵守社会公德是成为一个有道德的人的最基本要求。社会公德发挥着维护现实的稳定、公道、扬善惩恶的功能,在社会生产和生活中起着强大的舆论监督作用和精神感召作用。社会公德的这种作用体现在:一方面肯定、维护和促进一切有利于或有助于社会和个人生存、发展和完善的思想和行为;另一方面否定、抑制和阻止一切有碍于或有害于社会和个人生存、发展和完善的思想和行为。

社会公德建设是精神文明建设的基础性工程,也是精神文明程度

的"窗口"。社会公德是社会道德的基石和支柱之一,社会公德对社会道德风尚的影响稳定而深刻、广泛而持久。社会道德又是社会精神文明的重要组成部分,所以从人们实践社会公德的自觉程度和普及程度,可以看出整个社会精神文明建设的状况。

因此,如果社会公德遭到了践踏和破坏,整个社会的道德体系就可能会瓦解,整个社会的安定团结也将被破坏,社会主义精神文明建设也就不可能真正搞好。社会的精神文明当然包括多方面的内容;但在一定的历史发展阶段,社会的道德风尚通常是衡量一个社会的精神文明发展水平的重要标志,是整个人类社会精神文明发展的一种反映和体现。

每个学生都应该增强社会公德意识,自觉地以社会责任感考虑自己的行动,遵循体现社会群体利益和他人利益的公共规范。

文明从我做起

一个个的小家庭组成的一个大家那是国。那什么是家呢?就是由一个一个成员而组成。所以,一个国家中人最重要。只有当每一个人都具备了文明素质,那么这个国家的整体素质才能提高。

在学校没有良好的行为习惯的同学就可能目无纪律,不讲卫生,扰乱班级的学习环境。相反,如果我们养成了文明的行为习惯,学习环境就一定是良好的、有序的。现在,我们正处于人生中最关键的成长时期,我们在这个时期的所作所为,将影响到我们自身的素质,而文明的行为就在帮助我们提高自身的素质。

所以,我们首先应该做一个堂堂正正的人,一个懂文明、有礼貌的谦谦君子,然后才是成才,不能做一部单纯掌握知识技能的机器,而要成为一个身心和谐发展的人。

代表民族未来的我们,需要学习和继承的东西有很多很多,然而最基本的问题是:我们究竟要怎样去接过人类文明的接力棒。

同学们，我们每播下一个动作，将收获一个习惯；播下一个习惯，将收获一个品格，让我们把文明礼仪放在心上，时时刻刻与文明交谈，用它来约束自己的言行，千万不要把文明行为习惯看作小事。让我们从现在做起，从自己做起，从点点滴滴的小事做起，养成良好的文明习惯，做文明学生。

请我们每一个人管住我们的口，不说粗话、不随地吐痰；管住我们的手，不乱扔垃圾、不打架斗殴；管住我们的脚，不践踏草坪。我相信，经过我们全体师生共同努力，一定会营造出一个文明美好的校园。

注重我们的礼仪

什么是礼仪呢？简单地说，礼仪就是律己、敬人的一种行为规范，是表现对他人尊重和理解的过程和手段。文明礼仪，不仅是个人素质、教养的体现，也是个人道德和社会公德的体现。更是城市的脸面，更是国家的脸面。所以我们作为具有5000年文明史的"礼仪之邦"，讲文明、用礼仪，也是弘扬民族文化、展示民族精神的重要途径。

礼仪从个人修养的角度来看，可以说是一个人内在修养和素质的外在表现。从交际的角度来看，礼仪可以说是人际交往中适用的一种艺术，一种交际方式或交际方法。是人际交往中约定俗成的示人以尊重、友好的习惯做法。从传播的角度来看，礼仪可以说是在人际交往中进行相互沟通的技巧。

礼仪是要求人们共同遵守的最起码的道德规范，它是人们在生活和相互交往中逐渐形成，并且以风俗、习惯和传统等方式固定下来。对一个人来说，礼仪是一个人的思想道德水平、文化修养、交际能力的外在表现，对一个社会来说，礼仪是一个国家社会文明程度、道德风尚和生活习惯的反映。

家庭教育中的社会公德教育

记得一位名人说过:"国家的命运,与其说是掌握在当权者手中,倒不如说是掌握在父母的手中"。这句话深刻地挑明了家庭教育的作用,每个人都是父母所生、所养、所育,家庭是每个人出生后接受教育的第一课堂,父母是第一任教师,教育的成败关乎国家命运的兴衰。所以作为一名孩子的家长,重在教子做人,提高子女思想道德水平、培养子女遵守社会公德习惯、增强子女法律意识和社会责任感。

树立正确家庭教育观念

独生子女的唯一性,使家长对孩子的成败带有"下赌注"的感觉,对孩子的培养表现出"四过":过高的期望、过分的关心、过多的呵护、过分的保护,致使这一代的孩子中有不少人出现"三无":无情、无能、无责任感,更缺乏社会公德意识。因此,家长必须改变对孩子的教育观念,明确"为谁而家教,家教为了谁",对孩子进行有效的社会公德教育。

怎样从根本上解决这个问题,一个孩子的成长历程不在于家长去逼、去打骂或者去铺路架桥,而在于父母用良好的家庭教育去影响孩子,切实解决不切实际的问题,名次先后实为必然,名次先者不能证明他将来为国家社会贡献一定就大。

真正的教育是认识人们的兴趣和潜力所在,引导他们最大可能的去实现自己的人生价值。从起点说,家教为了使孩子未来的生活更幸

福,而从终点看这种幸福取决于他人与整个社会获得福祉的程度,只有后者才是我们家教的落脚点与归宿。

家庭教育需要言传身教

家庭教育成败的关键,首先取决于父母。父母的个人品德修养和知识水平,决定了家庭教育的水准和成效。家庭教育需要言传,犹重身教。"近朱者赤,近墨者黑",父母的言行举动,将变成子女为人处世的样板。所以,他们能不能以身作则,言行如一,正直重义,看问题冷静客观,待人接物进退有据,对孩子都是最直接的陶冶与感化。

作为孩子的家长,应该自己首先具备社会公德和诚信的意识和行为,摈弃事不关己的观念,时时严格要求自己,以身作则,以身示教。为孩子树立一个良好的榜样,用自己良好的行为去教育、影响孩子,让孩子从家长身上学到良好的品德行为及习惯。这样才会在言传身教的氛围中充分感染自己的孩子。因为家庭是开展社会公德和诚信教育的基础,是孩子的生动课堂,而且家长是孩子的第一位老师,一位最亲密、最值得信赖的老师。

家庭教育观要正确

当前家庭教育在我国受重视程度空前,不但"从娃娃抓起",甚至还未出生就已经开始了"胎教"。然而问题在于,为应付日趋激烈的竞争压力,现在很多家庭中的家长由于种种因素的限制,对孩子的学习成绩异常重视、格外偏爱与执著,以致于把学习成绩的提高视为孩子要完成的"第一使命",而把道德教育却放在了次要位置。

殊不知,培养孩子良好的道德品质和养成良好行为习惯,教会孩子如何学"做人",比单纯学习知识更重要。德和才,好比帅和将的关系,无"帅"监管,"将"可以为善也可以为恶的。所以古人说:"无德之才,贼也"!这要求我们家长要端正家庭教育中的指导思想,树立健全的育人观和人才观,始终把着眼点放在孩子的全面发展上，避免步入重智轻德、劳，成绩唯一的误区。

家庭是一个人形成道德品质的摇篮，对于孩子未来成为一个什么样的人起了"先入为主"的作用。"做事先做人"，我们的时代需要德才兼备的优秀建设者，我们的社会需要弘扬和崇尚社会公德的精神，这是您的孩子今后步入社会，立足社会所必须具备的先决条件。

人们常说"忽视思想品德教育会出危险品"，这并非危言耸听，如果不从小对孩子进行社会公德的教育，再天才的儿童长大后也是无法成为德才兼备的优秀建设者的。

因此，要求要从言行举止到物质供应、精神满足上无不围绕品德教育这一"中心"而全力以赴。

成长环境要良好

对于社会公德来说，口头上的"教"是很少能起作用的，能起作用的是在一定的环境下加上行为上的感染，是精神上的感化，也就是行为教育与感化教育，只有采用行为教育与感化教育时，孩子的社会

公德才有可能得到提高。

要为孩子创设宽松友好的精神环境,培养孩子的"爱心"。其实孩子是人类最真诚的群体,他们的内心是纯洁的,情感是细腻的。我们必须创设一个良好的生活学习氛围,与孩子为友,让孩子在平等、尊重、关爱的环境中来学习良好的社会公德可以起到事半功倍的效果,培养孩子的"平常心"。

在家庭中,孩子的地位有了很大的变化。往日贫困生活所加在孩子身上的责任与义务渐渐被淡化,多数的孩子不必为家庭的温饱操心。

在这样的环境下,他们开始渐渐地丧失以往因为能替家庭做贡献带来的自豪和自信,取而代之的是以自己为中心的个人主义。这样的孩子是自私的,那就不用说有什么社会公德而言了。

教育要在生活中进行

孩子在天天地长大,他们所接触的事物越来越多,面临地事情也越来越多。我们家长必须明确社会公德的培养教育,不是一朝一夕就能实现的,需要有个循序渐进的过程,也需要身临其境地感受与引导,因此必须教育和培养孩子从小做起,从平常的点点滴滴做起。

在日常生活中,有意识地引导孩子观察社会中各行各业劳动人民的工作,如交通警察在烈日下、狂风暴雨中指挥交通,清洁工每天天还没亮就开始上街打扫卫生,公交车司机早出晚归地服务乘客等。

在家庭教育中对孩子的社会公德和诚信的培养教育,需要我们每一位家长做出共同努力,也需要全社会的共同参与和大力营造,通过一系列有效的形式和载体,以及一个循序渐进的积累过程。到那时,我们的孩子们都会成为一名值得自豪的合格的社会主义建设者,社会也一定会变得更加文明和谐。

班主任的社会公德教育指导

社会公德是现代文明的标志，是现代化国家公民必备的道德素质之一。今天的小学生就是明天共和国的公民，小学生的道德素质如何，将影响未来我国公民的道德素质水平。

学习明理，掌握规范

要遵守社会公德，首先要懂得社会公德。小学生年龄小、知识少，缺乏道德常识。班主任要利用各种场合，采取各种形式，例如，队会、版报、张贴《条例》、印发《规范》等，使学生懂得，在社会生活中，要遵守那些规则，什么是可以做的，什么是不可以做的。

要强化《小学生日常行为规范》的学习，做到人人能背诵，个个懂意思，条条能遵守。还要拟订一些行为规范的具体要求，组织学习，同时，要教育学生，明白为什么要这样做而不能那样做，使社会公德逐渐内化为自觉意识。

榜样引路，表扬强化

好模仿，喜表扬是少年儿童的心理特点之一。班主任要为学生树立遵守社会公德的榜样，大力宣传并组织小学生学习。尤其要从本地、本校、本班中树立榜样，这样学生会感到可亲、可信、可仿效。

同时，要对学生中的好典型好行为及时表扬肯定，广泛进行宣传，如评小红花、评文明少年、评"十星"学生等，以强化学生的正确行为，形成强有力的正确导向，抑制学生的不道德行为。

角色转换，明辨是非

有的同学不遵守社会公德，往往是无意识或不自觉的，因为他们还没有看到这种行为的社会危害性和对他人利益的侵犯，所以，如果别人批评他，还认为是小题大做。如何教育这些学生？班主任可以采取角色转换体会法。

例如，有个同学看电影时总喜欢讲话，进场散场时，常踩在座位上行走，班干部批评他，他还不以为然。班主任老师找到他，启发他想一想如果你正在津津有味地看一部很感兴趣的电视剧，爸爸妈妈却在一旁不停地高声说话，你心里会怎样？下课时，如果同学用脚踩在你坐的凳子上走过去，你心里又会怎样？从而体会到违反社会公德对他人造成的伤害，认识到自己行为的错误。

增强信念，抵制影响

社会上存在的一些违反社会公德现象，对学校的社会公德教育会产生很大的负作用，是班主任对学生进行社会公德教育的难点之一。有的同学常常会反驳老师："大人还这样做呢？"或者说："别人做了还不是一点没事"。有的家长不仅自己不遵守社会公德，反而教唆子女去违反社会公德。比如：教子女上车抢座，在街上乱丢纸屑，拾到别人东西据为己有等。

对这种现象，班主任要克服无所作为的悲观思想，主动加强对学生的正确教育，抵制社会上的消极影响。要采取措施，努力增强学生遵守社会公德的信念和行为意志力。要利用各种形式，不断对学生灌输社会公德的重要性，帮助学生树立起遵守社会公德光荣，违反社会公德可耻的是非观。

由近及远，从小做起

认识与行为脱节，这也是一些青少年学生道德发展的特点之一。有的学生心里也知道应该怎样做才是正确的，但实际行动却往往背道

而驰；有的人平时常抱怨别人不讲社会公德，但自己也常常会不知不觉地做出有损社会公德的事来。

要克服这一现象，班主任要教育学生把遵守社会公德看成是自己应尽的义务和责任，教育学生从自己做起、从小事做起、从身边做起、从本校本班做起。要求学生首先做到遵守学校的规章制度，爱护学校的一草一木，对老师同学文明礼貌，在校内做一个文明学生。

教师示范，家长配合

在学生的心目中，班主任教师是正确的化身，行为的楷模，班主任的行为举止对学生有很强的导向性和影响力。因此，班主任要在社会公德上做表率。要求学生做到的，班主任首先要做到；叫学生不要做的，班主任坚决不能做，无论在什么场合，都要于律己，"勿以恶小而为之"。

同时，班主任还要积极做好家长工作，通过家长会、家长学校、家访等形式，使家长也认识到社会公德的重要性，协调家长的行为，

为子女做好榜样,形成教育的合力。

形式多样,活动锻炼

社会公德教育要结合小学生的年龄和心理特点,开展各种活动,寓教于乐,让学生在活动中提高认识,明辨是非,培养道德素质。

活动的形式很多,如演讲会:宣传社会公德的重要性,激发同学们遵守社会公德的自觉性;辩论会:针对同学们认识的一些模糊看法进行辩论,在辩论中明辨是非;故事会:讲述遵守社会公德的故事,树立学习的好榜样;报告会:请见义勇为的英雄、精神文明先进分子、司法干部来做报告;小品表演:自编自演小品,讽刺日常生活中的不道德不文明现象,告诫大家遵守社会公德;板报:宣传本班本校的好人好事;征文比赛:用文章来表达自己的看法和打算;学雷锋活动:助人为乐,服务社会,用实际行动来遵守社会公德,等等。

持之以恒,养成习惯

社会公德教育是学校德育工作的长期任务,必须常抓不懈,持之以恒,才能使学生养成习惯,具备良好的社会公德素质。

首先,班主任要有一个整体计划,达到什么目的,通过什么形式,开展哪些活动,采取什么措施,都要订好计划,做到胸中有数。

其次,要有常规检查制度,经常督促检查,及时公布检查结果,及时进行总结,及时纠正不良行为。

最后,要建立有效的激励机制。要把遵守社会公德与学生评优,推荐选举班干部等结合起来,凡是不能很好地遵守社会公德的学生不能评为三好学生和当选班队干部。

实践证明,只要班主任思想重视,认识正确,措施得力,工作持久,我们就一定能从小培养出具有较高道德素质,遵守社会公德的文明学生来。

小学生社会公德教育的指导

在中国的小学教育实践中，教师经常会因为学生的集体意识和社会公德意识欠缺的问题颇感头疼，忙于应付经常出现的打架、损坏公物、争抢好处、集体活动很难开展等问题，处理得不好，还会造成班级风气恶劣、影响到学习成绩的提高。

由于现实中独生子女比例较大，家庭教育不到位，使小学生普遍存在着团队意识差、互助意识差、缺少合作精神等现象，如果教师，

特别是班主任老师也忽略学生生活中的一些小事，就会加剧造成小学生不能养成良好的社会公德意识，缺少集体主义精神。

如何引导学生建立起社会公德意识，形成良好的班风，已经成为小学生素质养成教育的前沿问题。

培养学生社会公德意识的重要性

小学教育是建立学生正确人生观的关键时期，班主任在工作中，要非常注重对学生在学校生活中出现的一些小事的引导，及时抓住机会，因势利导，把出现的问题和素质教育紧密结合，对其进行必要的引导。

如在一个素质教育开放日，为了展示学校、学生的风貌，规定全体师生必须穿校服，并且三令五申，可是事与愿违，届时竟有三分之二的学生没有穿校服。还比如孩子到外地就餐，每个孩子都想得到最好的，就会抢，抢到的，洋洋得意，空手而归的，满脸沮丧。这些问题的出现，虽然只是一些小事，如果不及时调整，就会使学生习以为常，影响到孩子们最基本的素质的养成。

虽然看来这是一些小事，只要要求一下就可以，但是，如果和小学生的素质教育联系在一起，就会收到更好的效果，也会使学生真正的建立起自己的社会角色意识，对其今后的发展是极其有利的。

调整学生行为意识的重要性

因势利导，循循善诱，注重对小学生行为的意识调整小学生的社会意识，应该建立在班级意识的基础上，这对素质教育是非常重要的。如果学生把班级利益都视而不顾，何谈社会意识？因此，针对上述问题，进行针对性教育工作，应该如何处理呢？

1.处理班级利益问题

首先给学生提出两个问题：第一个问题，如果你是老师，对再三强调的问题，根本就不重视，你会怎么想？第二个问题，集会时，当

你看到一个班级的同学，服装如此的不统一，你会怎么想？

学生思考后的回答是：如果他们是老师的话会很生气；如果看到别的班的同学服装不整齐，他们会觉得这个班的学生没有集体荣誉感，说明学生已经注意到了一些问题，但还没有上升到班级集体荣誉和自己社会公德意识上来。于是，通过讲述穿校服的意义，让孩子们真正建立起爱集体、爱社会、爱国家的良好意识。

2.处理社会意识问题

小学生的社会角色意识，是建立社会公德意识的基础，在发现这个问题以后，不要硬性要求学生做到什么，而是利用给学生讲故事的方式，对学生的行为心理进行调整。

故事一：在生活困难时期，一位母亲为了能让自己的孩子多吃点，从来不跟孩子同桌吃饭，但是其中一个孩子发现原来每次母亲都是等他们吃完后，自己才吃，如果有孩子吃剩的，母亲就把剩饭吃掉，如果没有剩饭，母亲就会将锅里的饭渣捡着吃。听了这个故事后

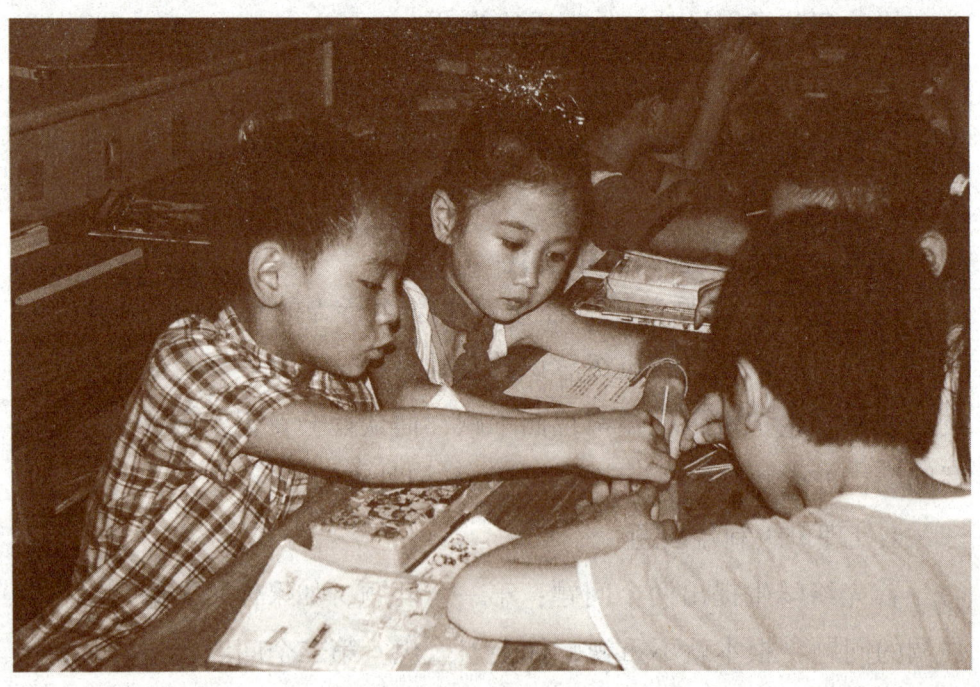

让学生们感受到这位母亲很伟大。

故事二：在长征路上，一个老炊事员为了让战士们多吃一口，自己经常饿着肚子，最后终于牺牲在长征路上。问："老炊事员跟战士们没有任何的血缘关系，但是他宁可自己饿着，甚至饿死，也要把自己的粮食分给其他的战士，这是为什么"？

对学生进行了深入的引导，让学生懂得，母爱是世界上最伟大的爱，是每一个人应该学习和敬佩的。老炊事员的心中装着战士们，知道自己的责任而不惜牺牲自己的生命，也是令人敬佩的品质。

现在虽然处于和平年代，处在一个吃得饱、穿的暖的时期，不需要为了让别人而损失自己，但是应该具备这样的品质，才能体现出自己的社会价值，才能表现出自己良好的品质，让社会认可自己。

建立班级生活意识的重要性

建立小学生社会意识，小学生的社会公德意识是在老师的引导下才能逐步建立起来的。发生在身边的每一件小事，都是应该注意到的，也是解决小学生素质教育的最佳时机。虽然每个孩子身上都存在着缺点，但是作为老师，不但要看到缺点，更重要的是对每个孩子进行养成教育。

因此，要利用班会课的时间让每个学生去挖掘他们的优点，建立起社会角色意识，就可以保证学生的社会公德意识的提高。

如果只注重课堂上的说教，而没有把要求放在这些小事上融会贯通，那就只能是一句空话，往往就会造成小学生社会公德意识的缺失，即使通过硬性要求强迫学生们做到了一些表面上的文章，也不可能变成学生们自觉自愿的社会公德意识，就更谈不上素质教育。

中学生社会公德教育的指导

历史的脚步已经迈入21世纪，素质教育是特色社会主义的教育模式，是符合现代教育规律和学生身心发展规律的高层次、高质量的教育。教育要由应试教育转向全面提高国民素质的轨道，要全面提高学生的思想道德、文化科学、劳动技能和身体心理素质，培养德、智、体等方面全面发展的社会主义建设者和接班人。

全面发展，以德为先

良好的社会公德，是社会文明的标志，是民族素质的体现，是精神文明建设的重要内容。中学生是祖国的未来，跨世纪的建设者。他们的思想道德状况如何，直接关系到中华民族的整体素质，关系到国家的前途和命运。如果不认真地抓好中学生公德教育，将要贻误一代人甚至几代人，所以对中学生进行公德教育，全社会都有义不容辞的责任。

诚然，在老一辈革命先驱的高尚道德垂范下，相当部分中学生的公德意识、公德观念正逐步形成。但由于市场经济和改革开放带来的负面影响，种种破坏社会公德的思想和丑恶行为时有发生，腐蚀着中学生学生的公德之心。路灯或其他公共设施被无故破坏，随地吐痰、乱丢垃圾……这些现象发生在中学生学生身上的并不罕见，让人触目伤怀。

由此可见，中学生公德意识与建设有中国特色社会主义精神文明

的思想道德要求相比，还存在一定的差距，究其原因，主要是学校德育工作目标空泛，强调共性有余，注重个性不足，可操作性不强；内容单一，缺乏针对性，理论偏多，理论与实践相脱离，养成教育不到位。

为此更新观念，改进方法，开创学校德育工作新格局，强化社会公德教育，保证中学生的健康发展。

言传身教，从教者做起

加强公德教育，教师家长必须做到言传身教，而且身教重于言教。孔子说："其身正，不令而行；其身不正，虽令不从。"教育者本身的道德形象如何，不仅影响中学生，而且对教育起着强化或弱化作用。要求中学生如何去做，自己一定要实实在在地做好。教师的身教作用，表现在严于律己，给学生做出榜样。

我们常说"学高为师，身正为范"。教师在平时必须注意自我修养，完善自我人格，加强"身教"意识，言谈举止做到文明健康、真诚和谐、亲切得体，并在爱校爱班，关心集体，遵纪守法，遵守秩序，爱护公物等方面严格要求自己，做好表率。这样，教师的身教就可以在学生心目中得到确立和认同，最终达到示范教育的目的。正所谓"率先躬身，不令而行"。

大处着眼，从小事抓起

公德教育必须从大处着眼。教育者必须认识到中学生是继往开来的一代，是跨世纪的建设者，是祖国的未来。新一代的中学生必须是关心社会、关心集体、关心他人、爱护公物、遵守公共秩序、文明有礼的一代。中学生公德能否做到这一点将关系到祖国的兴衰成败。"一屋不扫，何以扫天下"。如果一个人连起码的社会公德都不具备，又怎能有崇高的理想、高尚的情操？

为此，公德教育又必须从小事做起。我们不妨从中学生学生碰到的小事抓起，在关心班级，遵守纪律，遵守公共秩序，爱护公物，讲

究卫生、帮助身边有困难的人等事做起，使学生人人参与，抓自我管理，督促行为养成。只要我们能持之以恒地从细微处要求，从小事做起，定能达到"促其思、晓其理、激其情、导其行"的教育效果。

齐抓共管，从"网络"干起

中学生公德教育工作一定要整体化、网络化。作为培养人才的学校，对中学生学生思想觉悟的提高、道德修养的形成起着举足轻重的作用，它是中学生学习成长的圣地，又是磨练中学生身心发展的熔炉，倘若学校的德育工作不形成综合育人的整体网络，是不可能形成学校德育工作新格局的。

为此，学校德育工作必须把握整体性原则，形成党政工团各组织既齐抓又共管，实施教学管理双管齐下，形成德智体美劳相互渗透的整体观念，抓好校风建设，建立和健全各项规章制度，实行以法治

校，从而使学校为培养中学生公德发挥积极的作用。

比如，学校可实行《德育量化考核评分制度》，通过标语、板报、校会、班会校园网等形式宣传制度的内容，形成共识、统一行动、落到实处。

当然，只强调学校教育的整体性是不够的，因为中学生正处在求知欲强，好奇心重的心理发展时期。同时，他们获得信息的媒介渠道多，信息反馈面广，对社会上形形色色的人、事、物都直接或间接地耳濡目染，而学校对社会的影响是极其有限的，相反社会在某种程度上干扰了学校的教育，学校教师的说教，往往被社会上不良的影响抵消了。

为此，中学生的公德教育必须与家庭、社会相结合，建立和健全公德教育网络，动员社会各界力量齐抓共管，从而提高中学生公德水平。

如为取得家庭的配合，教师要加强对学生的家访，学校定期召开家长会议，成立家长委员会，建立《学校与家庭联系手册》，对学生的行为规范起到约束和自我教育作用。

常言道："流水不腐，户枢不蠹。"只要全社会不断加强对中学生的公德教育，使公德教育社会化、经常化，就一定能提高中学生的公德水平，并逐步形成良好的社会风尚，为造就具有良好道德素质和科学文化水平的一代新人打下坚实的基础。

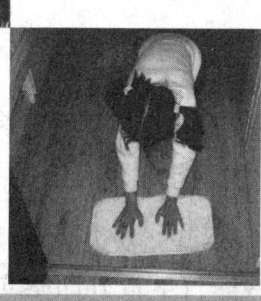

NO4. 学生劳动生存教育的指导

劳动生存教育的作用与特性

劳动是人类赖以生存的重要条件和重要保证。特别是学生要立足于社会，更需要掌握一种技能作为谋生的手段。学生劳动意识的形成和劳动技能的培养要从小做起，从接受教育的开始就进行劳动的熏陶，为学生以后掌握生存技能打下良好而坚实的基础。

劳动教育具有较强的德育功能，它不仅要教给学生劳动知识，更重要的是要对学生进行劳动思想的教育，使学生养成正确的劳动价值观、劳动义务观、劳动质量观，对学生人生观的树立有着直接的影响。

劳动课教育的作用

劳动有助于学生形成良好的思想和道德品质。实践证明，人的许多优秀品质是在劳动中形成的。只有在劳动实践中，才能培养学生爱人民、珍惜劳动成果，养成勤俭、艰苦朴素的好作风。劳动能锻炼学生吃苦耐劳、克服困难的坚强意志，有助于培养学生良好的社会适应力，促进身心健康。

劳动能培养学生勤快、主动的工作态度，有利于形成对集体、对国家的义务感和责任心。劳动能培养学生自立、自理、自强的独立生活能力和进取精神。

劳动能促进学生的智力发展。有些家长不让孩子干家务活，不愿让自己孩子参加学校组织的劳动，一个很重要的原因是怕影响孩子的学习。其实学习并不能排除学生参加劳，因为劳动可以改善呼吸、血液循环，促进生理的新陈代谢过程，调节大脑疲劳，有利于大脑发育。

在劳动中，学生双手的活动有益于左右脑的开发，促进逻辑思维和形象思维的发展，有助于提高学习能力。劳动还可以培养学生的观察、分析、判断、创造能力和动手能力。中国自古就有心灵手巧的说法，手巧会促进心灵，心灵又带动手巧。

劳动课教育的特性

1.兴趣性

在教学中我们可以发现，学生对劳动课比较感兴趣。这是因为教材内容是从事自我服务、社会公益、工农业生产等方面的基本知识和初步经验，以及简单的生产过程的基本原理和一般生产技能。它们比较贴近学生的生活，使主客体之间易于融合。

例如，在教学"果树嫁接"这一课时，首先问"'移花接木'是什么意思？"学生纷纷作答。教师又指着一棵杏树问大家："这是一棵什么树？"生答："杏树。"师问："左侧这一枝为什么接的不是杏子而是李子呢？"学生对此产生了极大的兴趣，教师不失时机地安排了用杨树枝嫁接的实习活动。

接着指被嫁接到杏树上的李子树枝说："同学们，这就是被'嫁接'到杏树上的李子树，同学们明白为什么嫁接了吧！"同学们会意的笑了。学生掌握嫁接方法达到90%以上。本课成功的主要原因在于教学内容密切联系生活和教师能引导学生产生兴趣。

2.灵活性

劳动教学的灵活性体现在课的内容上，可以灵活安排，可以接受最新的技术，授课的方法可以灵活掌握，授课地点可以灵活变动。在课时安排上，老师应该做到因课制宜，把集中教学与分散教学结合起来，如在实际教学中采用直观教学、参观教学、现成教学的方法，使劳动课不再空洞乏味，让学生充分得到锻炼。

3.实践性

劳动课是向学生进行劳动知识传授和劳动思想教育的主导课程。而实践性是劳动教育课的最大特征，它可以使学生的技能得以及时的训练，动手与动脑相结合，使学生的各种素质在实践中得到培养与提高，同时实践也是劳动教学的中心环节。教师只有改进课堂教学方法，优化课堂教学结构，才能真正让学生喜欢上这一门课程。

劳动课中的劳动习惯培养

德国一直享有"汽车王国"的美誉,利用训练有素的汽车产业工人,一直是德国汽车行业的一个竞争优势。德国的汽车产业工人"优"在何处呢?

原来维修人员有良好的劳动习惯:首先是做事快,从开始到离开,前后不过15分钟。其次是迅速利落,询问、查看、检修、收拾工

具,井井有条。最后一点是非常细心,检修完毕,他细心地擦净车上的油迹,然后用吸油纸把用过的工具擦得干干净净,一一放回工具箱。最后用脏了的吸油纸仍较干净的一角,把不小心滴在地上的一滴油吸净,然后将吸油纸装到他车上的一个垃圾箱里。

这位学者亲眼目睹他的工作之后,内心震动很大:"德国汽车产业工人果然是名不虚传,与德国汽车产业工人相比,我们国内的工人缺少的不只是精湛的技术,还有良好的劳动习惯"。

的确,良好的劳动习惯不仅影响着劳动的速度,也影响着劳动的质量。培养学生良好的劳动习惯,是劳动课的一个重要教学目标。如何在劳动教学中培养学生良好的劳动习惯呢?我想就此谈一些自己的做法与体会。

要求学生规范操作的劳动习惯

养成正确使用工具的习惯,这不仅是提高劳动效率的需要,也是在劳动中保证安全的需要。

1.要有正确的认识

通过各种途径来帮助学生体会到这一点,比如,给学生讲古庙里的小和尚学剃头的故事,那个小和尚每次练习完总是将刀往往冬瓜上一插,最后习惯成自然,把头当冬瓜,犯下杀人之罪,这不是最好的反面教材吗?

还要让学生搜集因为没有良好的劳动习惯,害人害己的真实事例,请有过经验教训的学生现身说法,让学生充分认识到养成良好的劳动习惯的重要性。

2.学会保管工具的方法

可以让学生自己保管、存放工具和材料。例如,电源线、有绝缘部分的电工工具要避免与锐器存放在一起,以免损伤绝缘部分;小零件之类最好用小盒或玻璃瓶分类存放,工具的存放也要分类有序。这

样在劳动时就可以准确快速地拿到所需零件，节省时间。让学生用鞋盒或小木箱自制工具箱来分类存放，效果不错。

3.养成工具放回原处的习惯

每次劳动完毕，要将工具和没用完的小零件放回原处，以方便下次使用。当然，要让学生养成这些习惯仅靠当时的教导是不行的，在平时的教学中我们还要注意观察学生使用工具的情况和劳动情况，及时指正，或让学生之间相互提醒，开展"评选安全生产小能手"、"劳动操作比赛"等活动，使学生逐渐养成操作规范、认真细致的劳动习惯。

注重培养有条不紊的劳动习惯

心灵才能手巧。只要注意合理安排，快工也能出细活。那位德国汽车维修员之所以能给人留下干练的印象，就是因为他懂得合理安排劳动过程。合理地进行安排，有条不紊地开展工作，常常能大幅度地提高工作效率和工作质量，因此，培养学生这方面的习惯是很有必要的，从哪些方面来对学生进行培养呢？

1.要让学生学会统筹安排

事实已经证明统筹安排是提高效率最有效的方法之一。在劳动前不妨让学生开展讨论：完成这次劳动，在时间上怎样安排最省时，最合理？按什么样的流程进行劳动才能避免窝工？这次劳动中难度最大的环节是什么？经常这样训练，就能让学生学会从"小"处着手节省时间。

比如，要使用电烙铁的时候，在进行其他工作的时候提前两三分钟把电烙铁插上，就可以利用等待的两三分钟时间去做其他的事情。如果劳动的过程比较复杂，不妨让学生列一个统筹安排流程表，把时间安排，劳动过程按顺序列出来，争取每次劳动前都让学生对安排做到心中有数，杂而不乱。

2. 要培养学生的团队精神

现代社会充满竞争，学会合作是时代对人才提出的要求。劳动离不开协作。劳动课教学的很多任务学生是难以在课堂上单独完成的，有些即便是在课外完成有些学生也会感到有一定的困难，为了更好地完成教学任务，不妨让学生分工合作，将劳动任务分解到人，集思广益，充分发挥每个人的聪明才智去解决问题，攻克难关。

3. 分小组组织进行学习

这是一种较好的合作形式。为了使各个层次的学生都能得到锻炼，在安排学习小组时，注意好、中、差各个层次学生的搭配，让学生遇到困难发挥集体的智慧，学会听取别人的意见，学会与别人团结协作。

教给方法，培养勇于创新的劳动习惯

与其他国家相比，德国汽车产业工人在工作中更有思想，对于他们在做什么，甚至是最简单的组装工作，你会发现每个人都有自己的观点，每个人都对他在做什么有自己的想法，每个人对自己在做什么有一个深入的理解，这正是德国汽车能不断领导世界新潮流的原因所在。

如果在劳动教学中，只把劳动当作一种简单的体力活动，让学生机械地去模仿，去重复，天长日久，就会使学生懒于思考，疏于创造，这样的学生将来也只会是傀儡式的平庸劳动者，我们的下一代将难以在竞争激烈的世界舞台上站稳脚跟。在劳动教学中我们必须结合教学内容和学生实际，鼓励学生去思考，去发明，去创造。

注意创设问题情境，教会学生如何在劳动和生活中去寻找发明创造的课题，产生发明创造的灵感。例如，在使用电工工具时，有的学生因为有过被电麻的经历，害怕插插头，这时我们应该把这个问题在劳动课上提出来，让学生讨论如何解决这个问题，使插头使用起来更加安全。

有的学生提出把插头的金属头部分隐藏起来,让人在插插头时不接触到。还有的小孩喜欢把手指伸到插孔里,最好在插座插孔周围安上一个凸起的防护罩头。

最后学生们把这两个想法结合起来,做出了一个改良的防触电安全插头。学生完成这个作品后,引导学生总结:在生活中,我们所使用的许多用品总会有这样或那样的不如意的地方,如何克服这些"不如意"就是创造发明的发明点。

把劳动教学与学校科技发明专题培训活动和实践结合起来,尽快让学生掌握一些发明方法,如列举希望法、组合法、移植法、类比法等,并运用学到的方法,去解决劳动中遇到的种种问题,如改进劳动工具,改进劳动作品,创造更新更好的劳动新产品。

劳动教育,历来是中华民族广为推崇的传统育人手段,也是当前素质教育的一个重要方面。虽然现代劳动教育较之传统劳动教育,内容上已有了很大扩展,并在更广阔的意义上显示出其教育效果,但是在劳动教学实践中,人们却往往只重视了劳动的德育功能,或者过多地关注某些劳动技能技巧的传授,这些倾向无疑大大削弱了劳动教学的教育价值,也在一定程度上降低了劳动教育在人们心目中的地位。

劳动课中的创新意识培养

创新，是一个民族的灵魂，是人类发展、进步的不竭动力，发展学生创新精神和实践能力是我国素质教育的核心内容。因此，劳动教学中必须重视学生创新意识的培养，才能更有效地发挥劳动教学的育人功能，促进学生的全面发展。

体验丰富的审美感受，激发学生创新的欲望

劳动创造着美，劳动教学中产生的所有成果、所有作品，无一不体现着劳动者的智慧、勤劳和各自的审美感受，是师生巧手慧心的完美结合。

但是科技文明发展到今天，电子产品充斥着我们的生活空间，天真纯朴、未谙世事的孩子整日被电视中铺天盖地的广告和卡通形象所包围，这些程式化的形象势必会逐渐淡化学生的审美感受，遏制其创造潜能的开发。因此，教师应有意识地挖掘教材中美的因素，以丰富而健康的审美感受去打动学生，唤起他们的创新意识。

"对于我们的眼睛，不是缺少美，而是缺少发现"。美，是无处不在的，孩子拥有了一双善于发现美、感受美的眼睛，创造的灵感才会源源不绝地激活起来。

重视实践与探究，培养学生的创新精神

劳动教学是以操作性学习为主要特征的综合实践活动，强调学生的亲身经历，要求学生积极参与到活动之中，在制作、实验、探究的

同时，去发现问题并解决问题，更深层次地体验和感受生活，发展实践能力、培养创新精神。

"问题"意识在实践活动中尤为重要，面对问题时要有大胆质疑的勇气，因为质疑正是创新的前提，敢于质疑、乐于质疑，才能进一步积极地去释疑、解惑，并在解决问题的过程中不断探索、不断创新。

因此教师在指导学生投身实践活动时，要鼓励学生积极探究，勇于向老师、教科书进行挑战，敢于发表自己的观点，增强自身信心，进一步激发出个人独特的创新精神。

提供广阔的想象空间，充分发挥创造天性

劳动教学虽然从某种意义上说是蕴藏着一定的技术含量的，活动时往往需要一些特定的计划和程序，比如，浇花的方法、毛衣反正针的技巧、如何削苹果等，但最有价值的还是课堂上学生发挥想象、动态生成的部分，如果拘泥于特定的程序，把学生禁锢在定式思维圈里，是无法点燃他们的创新火花的。

想象是创新的基础，没有想象就谈不上创新，可以说，一个人的想象力决定了他的创新思维和创新能力。因此，教学中教师要重视发掘学生那天马行空、自由驰骋的想象潜能，鼓励学生种种奇思妙想，最大限度地展现自己的创造才华。

寻求多学科融合，提升学生的创新能力

劳动，与我们的日常生活息息相关，它无处不在，丰富着我们的生活经验，也改造着我们的生活环境。它与人类社会生活的方方面面都有着千丝万缕的联系。

随着绿色环保活动的不断开展，人们的目光越来越多地投向了周围的生存环境。某校三年级的同学在一次劳动课中，就利用废旧材料进行了巧妙的服装设计与制作，用学生自己的方式来宣传环境保护，弘扬绿色环保理念。

五彩校园文化艺术活动丛书

　　他们先是利用业余时间，分组调查了生活中存在的形形色色的污染状况，整理有关数据，然后收集各种废旧材料，根据材料特征、质地等设计出新颖的服装，采用小组合作的方式共同来进行制作、装饰，并进行了小范围的汇报演出。

　　这一活动将一个普通的课题巧妙地与社会生活紧密联系起来，与语文、数学、美术、音乐等学科融合起来，既培养了学生缝补装饰等动手能力、语言文字组织能力以及音乐舞蹈表现能力，也向周围人们宣传了环保。其间学生积极性高涨，思维活跃，创造能力无疑得到了很大的提升。

　　总之，创新是一个民族生存和发展的根本。对学生创新意识的培养是一个永恒的话题。无论学生将来从事何种职业，创新意识都将使他们受益匪浅。因此，教师要抓好劳动教学这一涉及面较广、涵盖内容丰富、操作性极强的综合实践活动，引导学生不断创新，用巧手慧心打造更精彩的人生。

劳动课中的创新能力培养

作为综合实践活动中的一个指定领域，劳动与技术教育的实施以学生参与典型经历活动为主要形式。活动设计时要从小学生的特点出发，注意激发学生的技术学习兴趣。在保证劳动与技术的基本知识、基本技能、基本态度的教育目标实现的基础上，提供更多自主探索的机会。

在教学中必须将培养学生的实践、创新能力与动手、设计、劳动等劳动课教学内容结合起来，与问题情景、探究设计、自主实践、及时评价等教学模式的合理运用结合起来。

因此，小学劳动课加强科学思维方法的培养，发展学生的创新能力，就成为当前进一步提高该课教学质量的一个关键。那么，怎样才能在劳动与技术课教学中培养学生的创新能力呢？我认为可以从以下几方面去做。

激发学生的劳动兴趣，挖掘创新的潜质

1.创设良好教学情境

教学过程中我们要创设良好的课堂教学情境，以调动学生的学习兴趣。学生的学习动机和求知欲，学习积极性和主动性是形成提高创新意识的重要条件。在学生面前摆上问题，让他们去解决，提高他们的创新意识，培养他们举一反三的能力。

2.增加趣味性和时代性

在学生的作品制作训练中,要不断增加趣味性和时代性。人们常说兴趣是最好的老师,手工缝纫的学习也不例外。因此在安排手缝作品的制作训练中,我注意接受和采纳有关手缝工艺作品的新信息,安排一些具有一定时代性和趣味性的作品,以调动学生的学习兴趣,让学生在一种轻松愉快的氛围中学习、训练,从而使技能水平得到提高。

寻找时机善于质疑,挖掘创新的潜力

爱因斯坦曾说过:提出一个问题比解决一个问题更重要。世界上许多发明创造都源于疑问,质疑是开启创新之门的钥匙。善于发现和提出问题是一个人具有创造性潜力的重要标志。在教学中要创设情境鼓励学生大胆提问,提倡不是通过传授知识来消灭问题,而是通过传授知识来引发更多的新问题。

在学生的想象设计中,教师要注意鼓励每个学生自信,敢于标新立异,敢于展示个性,敢于追求成功。只有这样,才能表现出学生的创新能力。这样学生学得主动、生动,自然会品尝到学习的乐趣,成

功的喜悦，自然会有信心再去追求十次百次的成功，学生创新能力也会随之得到培养和提高。

提出问题是学生学习的组成部分，学生认识和发现了有价值的问题就等于确立了思维活动和主动探索的目标，它是培养发现力的前提，也是挖掘学生创新潜能的有效手段。

创设宽松的氛围，激发创新的意识

在我们提倡让课堂充满生命的活力的时候，就意味着要学生能主动地参与学习，也即把学习的自由还给了学生。试想一下，如果我们把每件事情都手把手地教学生，或者要他按照教师的规定来按部就班，我们的学生怎么可能有主动参与的积极性和发现、发展的机会，创新精神和实践能力又何从培养？

当然，留给学生自由，并非放任自由，教师在努力为学生创造自由的同时，应正确把握教学的流向，给学生以恰当的规范，创设宽松的学习环境。

合理的引发想象，鼓励学生标新立异

丰富的想象是创造的火花。无论是创造想象还是再造想象，对发展学生的创造性思维都是非常重要的。爱因斯坦认为：想象力比知识更重要，因为知识是有限的，而想象概括着一切，推动进步，而且是知识进化的源泉。创造离不开想象，创新必须以想象为基础。只有丰富学生的想象，学生的创新能力才能得到较好地发展。

在小学劳动课教学过程中，应重视对学生进行敢于想象，敢于创新，敢于打破常规的训练，发展学生的想象力。教师要做开启学生创新思维的向导，要结合课程内容和学生实际，积极引导，善于启发，尽量把教学内容、教学情境设拟得新颖有趣，调动学生的创新欲望。

求异是创新的一个重要特点，教学中应注重学生的求异，培养学生全方位、多角度地思考问题，鼓励学生敢于标新立异，并设法引导

学生突破常规、拓展思路,力求创新。

精心设计教学环节,提升创新的素质

创造源于实践。问题的提出需要实践,问题的探索解决需要实践,良好的思维品质的形成需要实践,实践是认识的源泉、能力的土壤,技术实践活动是劳动课的生命。

劳动知识与劳动方法的讲授不能脱离实践。劳动方法的掌握及技能、能力的提高,则更离不开实践。学生通过对展示的实物、观察、分析,形成观察能力,教师要在学生观察活动中做必要的启发,激发他们的发散性思维和操作实践的渴望。

教师口授几次不能掌握的方法,学生往往经实际操作训练很快就掌握了。而技能与技术情感的形成,就是在战胜了实践过程中的困难和挫折,经受了失败和考验不断总结经验教训后才逐渐形成的。

总之,培养学生的创新意识和创新能力是时代赋予我们教师的使命,也是素质教育进一步深化的必然趋势。作为现代教育组成部分的劳动与技术教育,加强创造思维的教育,积极开展创造性的实践活动,学生这种心理上的收获和思维上的准备,正是培养21世纪生力军所必不可少的。

现代技术在劳动课中的运用

现代教育技术的应用,传播媒体的多样化可以显示出教与学的不同特点。教师可根据教学目的、教学内容,学生的实际能力进行精心的设计,学生可以通过学习感受到动态的演示身临其境的感受,印象深刻,记忆牢固,学得扎实。大大地增加了课堂教学的容量,学生学习也感到心情愉快,学习任务也完成得比以前要好。

巧用现代信息技术,激发学生的学习兴趣。

小学生有强烈的求知欲,他们的注意状态取决于教学的直观性和

形象性方面的影响，很容易为生动的、新异的刺激所而兴奋起来。要使他们学得好，就要设法激发他们的学习兴趣。

在劳动课教学中运用音像教材等现代教学媒体导入新课，使学生入情入境，把学生带入情境之中，能够引发学生的学习兴趣，激发学生极高的学习热情，不断体验其中的乐趣。

巧用现代信息技术，突破教学难点。

现代教学媒体能再现声形、图文并茂的教学环境，形象直观，生动，能为学生提供良好的观察和思考环境，有利于学生对知识的学习和技能的掌握。因此，劳动课中的教学难点可以用电教媒体的优势来突破。

如上《制作小猫壁挂》一课，制作的经过是本课的重难点。教师把制作小猫壁挂的经过用三维动画的形式展现在学生面前。先把各部分分解，再展示如何折，黏合，学生看后一目了然，很快地在课堂上掌握了制作小猫壁挂的要领，为学生的实际操作赢得了时间。

巧用现代信息技术，优化课堂教学。

劳动课教学中，示范操作往往可视范围小，很难让每个学生都观察清楚。这时可利用多媒体展示平台，将示范操作的整个过程清晰地投影到大屏幕上，让每个学生都能观察清楚。

如在《制作重心长颈鹿模型》的教学中，教师采取了自主学习的方式。由学生借助课本知识、彩卡说明、实物模型自己动手制作重心长颈鹿模型。在制作过程中遇到困难再提出来，大家一起解决。在制作过程中，教师表扬了有的学生使用剪刀有方法，并让他上台，在展示平台上演示剪的过程，把好的经验传授给大家。

有的同学提出钻孔、弯、缠铅锡丝很困难，教师又请已掌握了的学生在展示平台上演示。形象直观的演示，使每位学生都掌握了制作重心长颈鹿模型的方法，操作合格率明显提高。

劳动课教学方法的巧妙运用

教学方法的依据

1. 具体的教学内容、教学目的、教学任务。
2. 学生的年龄特征，心理特点和个性差异。
3. 学校的实际条件和教师的特长。
4. 劳动课教学方法体系的结构。

教学注意的问题

1. 把劳动课教学与形势教育结合起来。
2. 把劳动课教学与日常生活实践结合起来。
3. 注意劳动课与其他学科的联系。
4. 注意加强生活、生产初步技能的培养。
5. 注意钻研大纲，研究教材教法。

主要的教学方法

1. 新课导入法

良好的开编，就是成功的一半，课堂教学的开端就是新课导入，导入方法大体有以下几种。

（1）形象欣赏。这种方法是让学生欣赏优秀的劳动作品，给学生美的享受和教育，从而激起学生学习，制作，创作的浓厚兴趣。

（2）演示观察。这种方法就是教师演示，学生观察。通过教师的实际操作，给学生的直观感受，使学生产生浓厚的兴趣和创作欲望。

（3）前联后接。这种方法就是通过复习旧知识，引出新知识

（4）动作游戏。这种方法就是根据学生好动，好玩的心理特点，精心设计各种游戏来引入新课，这样，不但能很自然的导入新课，还可以大大调动学生劳动的积极性。

（5）奇妙交换。这种方法是利用学生好奇的心理特点，精心设计道具导入新课的方法。利用变化引出学生强烈的好奇心。学生创作的热情高涨，课堂气氛活跃，教师趁热打铁，讲授新课。

（6）巧妙猜谜。这种方法就是利用学生喜欢猜谜这一特点，设计谜语导入新课。

（7）利用音像。这种方法就是充分利用音响、光学设备等，用电教手段导入新课，这种方法能给学生创设形象生动、直观性强的情境，使学生有身临其境的感觉，丰富学生的想象力，非常巧妙自然地导入新课。

（8）综合导入。这种方法就是运用两种以上手段来导入新课的方

法，即直观性、启发性，趣味性于一体，有利于新课的学习。

任何一节课的导入都没有固定的模式，除上述几种之外，还有谈话法，讲故事法，等等。

总之，无论怎样，最关键的是教师应该根据教材仔细琢磨、精心设计，选择方法最后应用到具体的课堂中去，创造出一种轻松愉快的氛围，使教学有一个良好的开编。

2.讲授法

劳动课上，教师主要讲解学习的内容；所需要的工具、材料、劳动技能的操作步骤，方法及其要领；提出操作练习的目标；制作的质量要求及安全、纪律、卫生等方面的要求。

讲授法是教师运用口头语言，系统地向学生传播知识和技能的一种方法。

因为劳动课是有很强的实践性，其中所讲授的大部分内容要马上付诸实践，所以，教师讲解的内容，不仅要有科学性，即在向学生传授劳动技能的同时，也要向学生传授一些与劳动技能有关的基本劳动知识，对劳动知识的传授要科学无误，而且讲解要规范、简明、清楚并要做到边讲解边示范。之后让学生具体实践。

讲授法可先讲授，后实践，也可边讲授，边实践，还可先演示，后讲解。

3.示范操作模仿法

主要是通过教师的示范操作和学生的模仿，使学生学会某些技能技巧的方法，它集演示法与练习法于一身，是劳动技术课教学的一种主要方法，这里既有教师的教，又有学生的学，借助于教师的示范操作，可以把技术传递给学生，此种教学方法更适合于可以在现场操作的劳动项目。

在运用这种教法时，首先，要明确示范操作解决什么问题，其

次，教师的操作，力求做到规范、正确、协调、熟练、优美。使学生一开始就对操作有一个正确深刻的印象。另外，要注意提高示范的能见度和清晰度，使每个学生都能清楚地看到教师的示范动作，常见的示范方法有以下几种。

（1）整体示范法。将操作的全套动作按顺序熟练的完整示范，叫整体示范。它常运用于技能学习的初期和后期，目的是帮助学生了解操作技能的全过程以及各局部动作之间的衔接方法。劳动课完整的示范操作，能使学生通过动脑自行获得知识，提高能力，并使学生好奇心和求知欲得到满足，使其产生浓厚的兴趣。因此，教师要通过讲解、演示、板书，把整个操作方法传授给学生，使其在头脑中对所要学习的知识或技能产生一个完整，具体、详细、准确的印象。

（2）分解示范法。对于较为复杂的操作，由于信息量过大容易导致学生停止学习，因此，需要把复杂的整体连续动作合理地分解为若干局部动作，然后一一示范，分解的操作动作比较简单，示范的清晰度提高了，适合于学生模仿练习。

（3）对比示范法。为了强化学生的注意力，可以采用正确操作和典型错误操作的对比示范，达到防止和纠正错误操作的目的。运用正误动作对比示范时，应该先示范正确的动作，再演示错误操作，注意不可颠倒次序。

（4）区分示范法。在操作技术中，常常有一些操作十分相似，为了加以区别，需要进行区分示范，在区分示范中，要重点突出差异部分的示范。

这一方法的运用，应将讲解，示范结合起来。讲解和示范的结合方式，可以边示范边讲解，也可以先讲解，后示范或先示范后讲解，这应根据教学内容，学生实际水平等具体情况而有所不同。

教师的示范操作，并不意味着要从头到尾地做一遍，而多是在讲解

方法的过程中，对关键动作做出明确示范，把示范操作与教师课前做好的不同程度的半成品教具紧密地结合起来运用。由于教师只是在操作方法的关键处进行示范操作，会大大地节约时间，提高课堂效益。

4.练习法

练习法是在教师指导下学生巩固知识和培养操作技能的基本方法。也是学生学习过程中一种主要的实践活动。

教学中练习法有其独特的作用。它不仅能使学生巩固地掌握知识，形成技能，而且还可以鼓励学生克服困难，形成良好的工作态度等。一般有几种常见的练习方法。

（1）模拟练习法。由于受到制作材料或设备等限制，学生进行反复练习的机会往往不多，教学中要想方设法地设计一些模拟练习以增加学生练习的机会和次数。

（2）辅助练习法。为了保证操作的成功，事前需要进行多次的辅助性练习，例如，在讲嫁接过程中，为确保学生切、削、砧木成功，可先用其他物品代替砧木进行刀法的辅助练习。

（3）针对性练习。对在练习中发现的普遍的典型问题，可以组织针对性练习。

在整个教学活动中，始终把启发教学贯彻其中，教师的主导作用得到体现，学生的主体作用得到发挥，给学生创造独立思考操作，主动实践探索，分析解决问题的情景和条件，有效地培养了学生自学操作技能的能力。

以上几种教学方法，望教师在具体教学过程中，从实际出发，选择适当的方法才能做到内容与形式的统一，收到好的教学效果。

劳动教育中的实践活动

体力劳动对于学生来说，不仅是获得一定的技能和技巧，也不仅进行道德教育，而且还是一个广阔无垠的、惊人地丰富的思想世界。这个世界激发着青少年道德的、智力的、审美的情感，如果没有这些情感，那么认识世界就是不可能的。

许多发达国家的经验证明，任何一个强盛、发达的国家，在发展自身物质基础的过程中，都必须注重青少年学生的劳动教育，决不能因物质条件的优越而丧失艰苦奋斗、勤俭创业的精神。

然而，在科学技术越来越发达、物质生活越来越丰厚的今天，我们周围却出现了一些令人担忧的现象。因为许多家庭出门有车、洗衣有洗衣机、家务活请钟点工……孩子们过着"衣来伸手，饭来张口"的"贵族"生活。

由于家庭的宠爱，一些六七岁的小学生鞋子不会穿、扣子不会系，90%以上的小学生从来不自己铺床叠被；有的小学生长到十七八岁都没洗过碗，没煮过饭菜；据说有个别学生吃蛋从来都是家长为其剥皮，有一次家长在他的饭盒里放了一只未剥皮的蛋，该生竟不知道怎么吃，只好"望蛋兴叹"！据有关调查资料发现，居然还有学生考上名牌大学后因生活不能自理而不得不退学的案例。

这些现象说明劳动对这些学生来说，是如此陌生，他们的劳动意识越来越淡薄，自理能力越来越差，这样发展下去，我们中华民族将

走向何处？

由此看来，要提高人才素质，"教育必须与生产劳动相结合"，劳动实践教育必须从小学生抓起。在综合实践活动教学中该如何实施对小学生的劳动教育呢？应该着重做好几个重要方面。

把好入学教育关，培养劳动观念

从广义上讲，劳动教育是组织学生学习某些劳动技术知识并参加一定的劳动活动，使他们树立劳动观念，养成劳动习惯，了解现代生产和技术的基础原理并掌握相应的各种基本技能，为其以后从事各种职业打下基础的教育活动。简而言之，就是使学生受到"劳动素养方面的教育"。

从狭义上理解就是以参加手工劳动、体力劳动、自我服务劳动和社会公益劳动为形式，让学生受到劳动教育的教育活动。培养学生独立思考和创新意识，收集处理信息、获取新知识、分析和解决问题、

实际操作的能力，热爱劳动的习惯和必需的生活技能，等等。

基于以上精神，在一年级新生初入学校的第一节综合实践活动教学中，就开始抓劳动教育。小学生刚入学，确实还是一群顽童，他们就像一张白纸，白纸上出现什么图画跟启蒙老师有着直接的关系。因此，上第一节课的时候，就应带领他们去参观学校。

首先参观食堂，在他们看了饭厅雪白的墙壁、整齐干净的桌椅、摆放有序的各种用具时，问他们："我们的食堂好不好？"接着又告诉他们，这么干净整齐的环境是装修工人叔叔和食堂阿姨们劳动的结果，如果没有他们的辛勤劳动，就没有我们舒服的享受。

看到阿姨们忙碌的身影，告诉同学们这是阿姨们正在做饭，等一下我们就可以吃上她们做的香喷喷的饭菜了，如果没有她们做饭菜，我们就会饿肚子了。

参观完食堂，应带领小学生们参观整个校园。整个校园干干净净，花坛中的花竞相开放、树木郁郁葱葱，不时有蜜蜂蝴蝶飞舞。学生们兴致勃勃地欣赏着如花似锦的校园美景。

这时，要及时告诉他们，这些都是环卫阿姨劳动的结果，是她们的劳动创造了这么美的校园环境平时，利用衣、食、住、行中一些活生生的事例引导学生认识劳动的价值，从而认识到劳动最光荣、劳动最伟大。

从自我服务入手，培养劳动习惯

自我服务性劳动是指学生能够照料自己的生活、保持自己周围环境整洁的劳动，是最简单、最基本的劳动，也是人人必须具备的技能。

尽管各民族、各地区人们的生活习惯有所差异，但卫生习惯、生活自理、学习自理，应当是共同的，自我服务劳动是我们每个人每天必须面对的生活问题，这种劳动能够培养日常生活所必需的劳动技能和独立生活能力，使小学生感到日常生活中的每一件小事都能自主自

立，初步感知劳动成功的喜悦。

培养劳动习惯，要求学生从生活自理开始，组织开展争做"小蜜蜂"活动，像小蜜蜂一样爱劳动。做到会自己穿衣服；会自己洗脸刷牙；会自己剪指甲、洗梳头发；会自己铺床叠被；会自己收拾书包削铅笔……

通过这些活动，激发了小学生劳动的欲望，增强了他们的自理能力，逐步养成了小学生自己动手的良好习惯，养成了依靠自己的双手从小事做起，从小爱劳动的思想。

量力而行，家务劳动帮着做

家务劳动是扩大了的自我服务劳动。开展"争做小蜜蜂"活动，同学们迈出了可喜的一步，为进一步激发学生的劳动兴趣，应组织开展"争做妈妈好帮手"、"当一日家"的活动。

对一年级学生，要求他们每天能帮妈妈做一件家务活，比如扫扫地、擦擦桌、择择菜、端端碗……为了能使这项劳动坚持下去，我要

求学生每人建立一个记事簿，记录每天做的事，每周周末让妈妈签好字，周一带回学校让老师同学看看。凡是帮妈妈做了事的，就在"争做妈妈好帮手"登记表上贴上一朵小红花，以资鼓励。

看着自己名字后面有许多小红花，同学们别提心里有多高兴了，这使他们享受到了劳动的愉快，劳动得到了肯定和赞赏后的那种自豪感溢于言表。

事实证明，劳动不仅使学生们成了家务劳动的小顾问、好帮手，而且使平凡的家务劳动融入了浓厚的科学知识，激发了他们探索科学奥秘的主动性和孜孜不倦的求知精神以及爱劳动、积极实践的情趣；培养了他们手脑并用的能力，同时使其初步理解到了科学是第一生产力的道理，从而为树立只有今日发奋学习、明天才能为祖国现代化建设做贡献的思想奠定了认识基础。

总而言之，劳动有利于学生拓展求知空间，有利于学生的成长，让他们在体验生活的同时，创造着生活的快乐，并对未来充满信心。

因地制宜，培养为社会服务的意识

公益劳动是直接服务于社会公益事业的无偿劳动，是学校对青少年进行共产主义教育的有力手段。这类劳动重在向学生进行集体主义和共产主义教育，对培养学生热爱人民、热爱集体、爱护公物和助人为乐等优良品质，具有其他劳动难以取代的特殊意义。

自我服务的劳动教学方法

指导思想

1.理论依据

自我服务劳动是指照顾自己的生活，保持环境整洁的劳动。小学生自我服务劳动包括家庭自我服务劳动和学校自我服务劳动。

近代德国教育学家赫尔巴特明确地提出了"教育性教学"。即通过整个教学过程，不仅使学生的知识、能力发生变化，而且使他们的精神面貌、道德品质也受到熏陶而发生变化。

小学生自我服务劳动这种教学过程，本身也具有很强的教育性。它不仅培养了小学生日常生活所必须的劳动技能和独立生活的能力，还可以使学生养成劳动的好习惯，激发学生热爱生活、热爱劳动的情感，树立劳动光荣的信念。因

此，小学阶段应重视和加强小学生自我服务劳动教育。

2.功能目标

通过家庭自我服务劳动教育，可使学生感到自己是家庭的一个成员，有责任关心家里的一切，养成自己的事情自己做的良好习惯，并锻炼小学生独立生活的能力。另外，通过学校自我服务劳动教育，可培养学生关心集体、关心他人的思想品德。

3.适用范围

该模式适用于小学劳动"自我服务劳动"课型的教学。

操作程序

1.感知教材，激发兴趣

课前，学生在教师的指导下，通过观察或接触实际材料，建立所学对象的鲜明的、正确的表象和观念。这是学生理解教材的基础。感知教材还能诱发学生学习的兴趣和积极性，特别有助于观察能力的培养。

2.讲解演示，理解教材

理解教材的主要手段是教师的讲解、演示。在课堂上，通过教师的直观演示以及生动、优美语言的讲解，可以使学生在感知的基础上，经过思考形成概念，认识事物的本质特征，实现理性认识。

通过比较、对照、分析、综合、抽象概括及归纳演绎等思维方法，发展学生的逻辑思维能力和创造性，使学生在真正理解的基础上，获得规律性的新知识。

3.学生模仿，巩固知识

学生只有通过模仿，才能巩固已学的知识，才能不断地吸收新知识，通过系统地练习模仿，有助于发展学生的记忆力，增加理解。

4.运用知识，总结教育

学生掌握知识最终目的在于运用，运用知识的过程能形成技能，并使之更加完善。在学生运用所学的知识解决教学实践和日常生活中

的问题时，能锻炼学生综合运用知识的能力、独立思考能力、创造力，并不断地提高分析问题、解决问题的质量效率。

通过总结知识、方法、技能，可以培养学生学习和生活的自理能力，并有效地进行思想品德教育，养成自己的事情自己做的良好习惯。

实现条件

1.对教师的要求

教师要正确运用启发性原则和直观性原则，做到启发有效，演示无误。另外在授课过程中，教师讲解要生动、形象、明白透彻、条理清楚、逻辑严密，引导学生把新知识纳入已学的知识体系，为知识的运用创造条件。

2.对学生的要求

在上课前，学生必须做好课前的准备工作；在上课过程中，学生可以发挥出自己的主动性和创造性；最重要的一点是，要求学生掌握正确的方法技能。

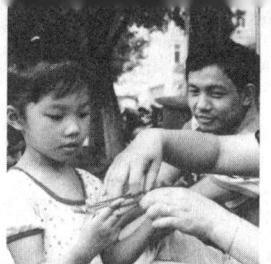

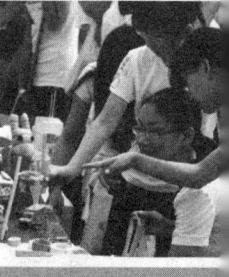

NO5. 学生自觉纪律教育的指导

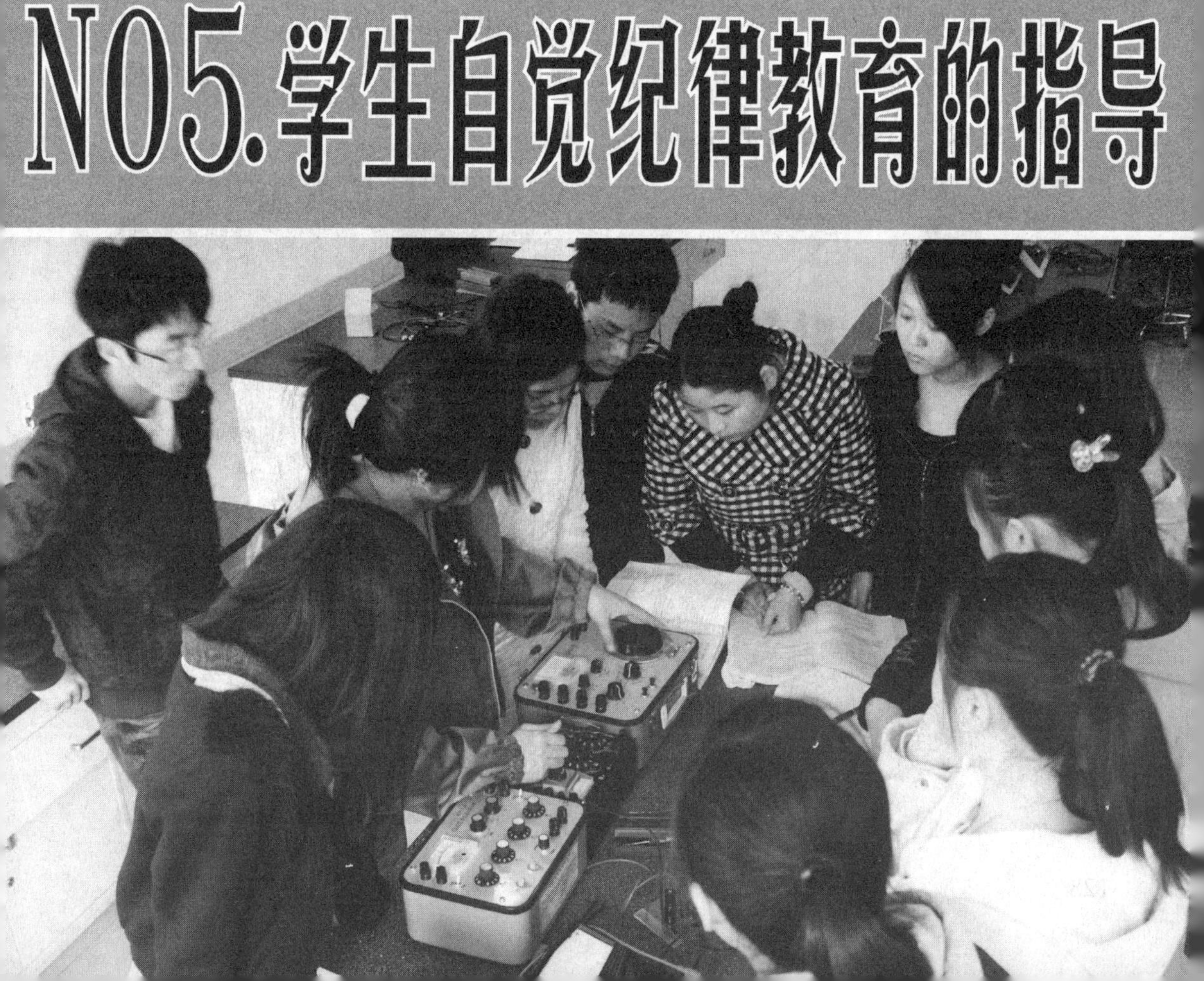

中小学生自觉性教育的指导

纪律教育的重要性

纪律教育是中小学校德育工作的主要内容，同时也是建立和巩固班集体的根本保证。有了严明的纪律，学校就会变的井然有序，学校中的每个学生的思想、学习、生活等各个方面就会既有约束又有自由。班集体就会出现既有统一意志又有个人心情舒畅的生动活泼的局面。

一个学校和班集体如果没有必要的纪律，就无法进行正常的教学，更谈不上教育任务的完成。

实践已经充分的证明：任课老师不抓纪律，就会出现乱课；班主任不抓纪律，就会出现乱班；德育处、相关管理人员不抓纪律，就会出现乱年级，甚至更严重；校长不抓纪律，就会弄的全校混乱。

混乱的学校的校风必然是很差的，混乱的班级，学习成绩肯定上不去，不仅如此，学生的思想品德也会存在问题，严重的会一连不断的出现违反纪律和违法的现象，所以，我们中小学校和老师必须努力的抓好学生的纪律教育。

教学中的纪律问题

1.随便乱说话

主要体现在教学区域和生活区域，如上课、自习课、午睡、晚睡等。这是一个普通性的违反纪律的现象。这种问题看起来是个小问题，如果不通过一定的教育方式来及时的加以制止，就会产生严重的后果。他可以由小声的说话发展到大声的说话，由两个人到多个人，由近距离到远距离，最后导致说起来没完没了。

2.迟到、早退、旷课

在中小学学校，学生迟到的现象时有发生，主要是由于学生的时间观念和时间管理能力差，常常睡懒觉、看热闹、随便打闹所导致。

早退、旷课是考勤制度中最严重的问题，如此的早退、旷课一定有着特殊的原因，它不仅不耽误学生的学习，还会带来更坏的后果，甚至与坏人勾结或在坏人的引诱下，在学校的外边做出了违反纪律和违反法律的事情。

3.争吵、打架、骂人的现象

这是中小学生最易发生的问题，主要发生在生活区域和其他公共场所，有时还发生在课堂上，特别是有些男同学容易冲动和女学生的任性，他们的语言表达能和自我约束力差，时常出现这种现象。打架手段的原因，一般都是一些微不足道的小事情，例如，打饭插队、影

响别人休息、出言不逊等原因。

4.抄袭作业、考试作弊现象

这些行为时有发生。考试作弊的原因有以下几种情况，分别是：

（1）是对学习缺乏兴趣的学生，平时对学习无所谓的态度，希望考试作弊。

（2）是原来学习基础就是很差的学生，虽然平时很努力，很认真，但是很难及格，在存有侥幸心理和焦虑的心理的情况下进行作弊。

（3）是讲同学友情，讲义气，在考试时，因帮助同学而进行作弊。

（4）是本身学习不错，为了争的荣誉和奖励，从而作弊。以上几种情况中前两者比较居多。

5.损坏公物的现象

目前有一大部分的中小学生缺乏保护公共设施和财物的意识，更有甚者是明知故犯。

6.抽烟和喝酒现象

当今的中学生把抽烟和喝酒作为一种时尚，特别是部分中学生。

解决问题的具体对策

针对上述出现的纪律问题，学校和教师应该是以预防为主，应该采取一系列强有力的措施。

1.对学生进行守则教育

我们现在的中小学生的学生守则，其实就是学生的行为规范，为了学生自觉的规范自己的言行，首先对他们就应该进行守则教育，从而针对小学生和中学生的接受能力采取不同的方法。

2.对学生进行规范化的教育

在学校中，学生应该遵守的校规、常规、班规主要是几项成文的制度，例如，考勤制度、奖惩制度等等。常规是指除国家和上级颁发的成文制度外，学校自身制定的一些制度，例如，作息制度、课堂常规、文明公约等构成的不成文的规章制度。班规是班主任根据学校的要求和自己班级的实际情况制定的规章制度。很多班规都有自己的规章制度，但是仍然有些班级在这个方面仍然是个空缺。

3.在同学中开展集体的评比

对于低年级的同学来说，有效的方法就是搞课堂纪律评比，人与人比，组与组比，然后组长检查个人，班长检查小组，可以评分插红旗，可以上红榜。也可以采取多样的形式，内容也可以是不同的。例如：对于乱班，进行全面的要求可能效果不显著，此时可以针对一种行为进行单项评比。

4.开展群众性批评和自我批评

教师在处理较大的问题时，在把学生叫到办公室的同时，也可以在班级上处理，要在摆清问题的基础上，鼓励学生发表自己的看法，从而形成良好的认知能力和主动发言能力，然后教师做小结并提出处理意见。

5.教师和家长密切配合

不论是在学校还是学生的家里，教师和家长都要相互协作，密切配合，做好学生的纪律监督工作和教育工作，从而形成一个良好的习惯，要让学生达到"人支配习惯，而不是习惯支配人"的境界。

6.要坚持严格管理的原则

在纪律问题上，有部分的同学怕身强力壮的男老师，有的怕瞪眼睛和攥拳头的，有的怕老师挖苦，有的怕老师批评，有的怕处分，所以我们要"严"字当先，俗话说"严师出高徒"，就是这个道理。

7.给予学生必要的爱

在管理学生的过程中，在使用"高压手段"的同时。更要注重学生的思想工作，对一些表现异常的学生，我们要细心的询问，给予必要的关爱，以免学生走极端，通过对其思想的开导，从而使学生走出

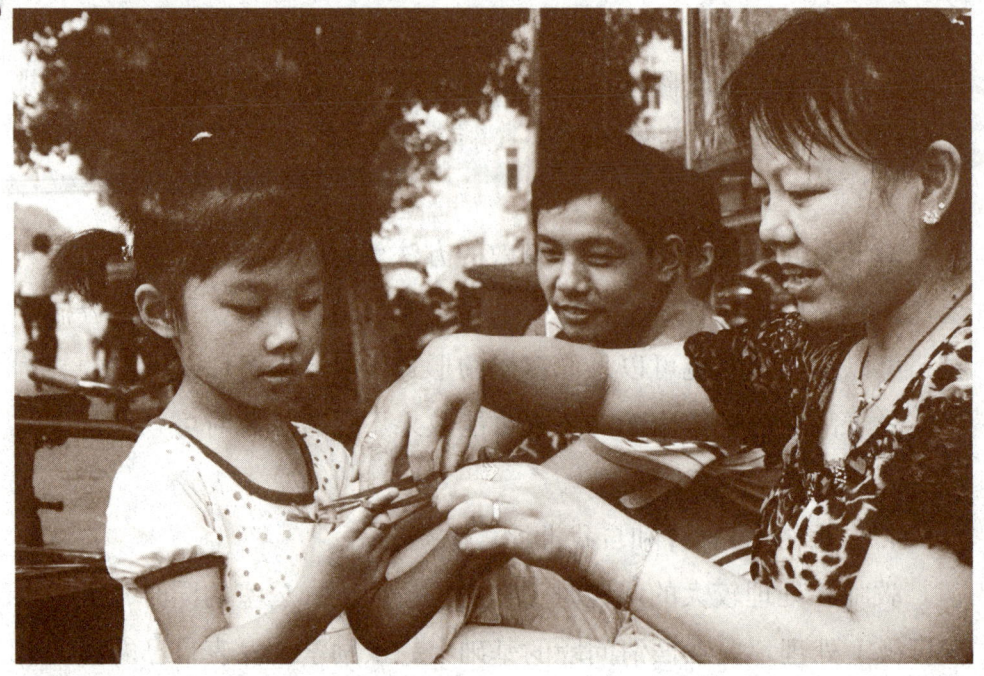

心灵的阴影。

8.教师要起到表率作用

教师要以身作则、言传身教，努力做到"喊破嗓子，不如做出样子"，这样才能起到表率作用。事实证明：身教是无形的教育，它不带有任何的强制性，完全是用示范的作用来引导学生，具有极大的感染力。

可以说身教是一种最基本、最形象，做有说服力的直观教材，因此，"打铁还需自身硬"，我们的教师同志们必须注重自身的能力和形象塑造，坚持不懈的致力于自身的政治、思想、道德素质和专业素质的提高，为做还自己的本职工作打下良好的基础。

中小学生自觉性的心理分析

纪律是规范学生行为的一种强制性力量,学生自觉遵守学校的各规章制度既维持了学校的正常教学,又让学生顺利、有效地进行学习,培养学生良好的思想道德品质。

但是在小学各年级中违纪现象是屡见不鲜,有一部分学生是经常违反校纪校规,他们每天都是状况不断,让教师耗费了大量精力,此时教师总是采取简单的威严压制方法,但效果并不好。

有的学生看似不闹了,这只是暂时的,你会发现很快他又会再次违纪,甚至有的学生会变本加厉。这就向我们教育工作者发出了挑战,为了祖国的花朵能健康成长,我们努力钻研开展切实有效的纪律教育。

了解违纪原因和心理特征

我们要深入了解常违纪学生的违纪原因和心理特征并区别对待,要教育学生、纠正学生的违纪行为,就得先了解学生,知道学生违纪原因和心理活动特征。从小学生的心理发展规律来看,经常违纪的学生,多数有着一些心理原因。

1.对纪律要求不明确

有的学生根本不明确纪律的具体要求,因而也就不了解遵守纪律的重要性。这种情况多发于低年级学生身上。例如,有的小学生考试是,一边写一边说着,他可能自己并不清楚这种做法违背了课堂纪律,干扰了别人的学习。有的小学生把游戏机带到学校来玩,还不知道为什么不能带,也是不知道纪律的重要意义。由于低年级踏入校们不久,对纪律的不明确,所以需要教师进行强化。

2.不良习惯的影响

在原有不良习惯的影响下,从而导致多数学生无法遵守新的学校纪律。有些小学生在入学前就形成了一些不良习惯,如说粗话、自己的东西随处乱扔。

虽然入学后,接触了新的纪律,也从老师口中知道了作为学生应遵守班规校规,但由于小学生的自控能力弱,往往很难改正旧习接受新的纪律约束。所以小学生有时会安分地遵守纪律,但不能够长久。

比如,有的学生和老师就会顺口说出粗话,但他自己又立刻知道错了,这种情况教师必须以满腔热情晓之以理使学生认识到违纪行为的严重性,以后不再做类似的错事,同时也要使学生感到自己改正了错误,同样是一个好学生,使他们有前进的动力。

3.受到性格原因的影响

性格原因会使部分学生不严格要求自己。有些学生经常发生违纪行为与起性格存在某些缺陷有关。而学生这种性格缺陷往往和家庭教育的不当有关。

有的家长由于工作不顺利或婚姻不和谐，往往把怨气撒在孩子身上，不是打就是骂。孩子在这样环境熏陶下，有的变得特别的野蛮，如果哪个同学或老师说了他的不是，他就会态度恶劣，大闹课堂或和同学打架。

有的家长过分的宠爱子女，养成任性和胡作非为的毛病。当家长看到孩子犯错说了两句，孩子就大吵大闹，乱扔东西年，这时家长往往为了息事宁人，就屈就孩子，不批评了反而是哄他，给他买这买那，长此以往，孩子就养成了任意妄为的脾气。

有的家长教育自己的孩子要打人、咬人，是为不让别的孩子欺负。殊不知，这样做是害了孩子，以致于这样的孩子进入学校，很难接受规章制度的约束，这样的孩子教师要有充分的耐心，长期抓、抓反复，逐步纠正学生的违纪行为。

4.是非观念的薄弱

有些学生分不清正确行为和错误行为，把遵守纪律看成软弱，怯弱的表现。背后会嘲讽那些好学生，把破坏和违反校纪校规看成是英雄行为，把帮助同学打架看成"行侠仗义"。

还有些学生对同学的违纪行为提供方便，比如，在考试中帮助同学作弊。这些同学大都是受到各种传媒介的不良诱惑和社会上一些不正之风的影响，没有养成一个正确是非观念。

又如，有的教师要求学生要勇敢，有的学生不知道什么是勇敢，把粗野行为当作勇敢犯了错误。这时就需要通过各种方式向学生讲解行为规范，提高他们的认识。

发掘积极因素,培养战胜信心

俗话说"金无足赤,人无完人"。没有哪个人是完美的,任何人身上都有优缺点。只是有些人缺点要多些,就蒙蔽了我们的眼睛,让我们只看到他的缺点,而忽视了他的优点存在。要想纠正违纪行为,必须以这个优点为切入口。所以教师要用全面和发展的眼光看待学生。首先就得相信学生有好的一面,然后开始积极发掘出来。

违纪生身上的优点,往往只闪现出来,所以很快会消失,教师要及时发现,及时表扬,一旦他做好事就要大力表扬,否则他身上仅有的一点上进心就会挫伤,甚至一蹶不振。

违纪生身上的积极因素不容易找出来,但也是多方面的。它可以是兴趣、爱好和特长,也可以是平时流露出对美好东西的向往之情,也可以是自身的优点等。

由此可见,我们只要细心观察,每个学生身上都有闪光点,当学生违纪时,困难的不是批评、不是指责,而是找出他的长处,能够发现到他的积极因素,并做到及时赞扬。

教育工作者是学生成长的引路人,对个别违纪学生不能排斥、偏见,一定要将其融入集体中,不能总让他显得"特别",如果他一违纪,就大肆批评、处罚,就更助长了他从班集体中脱离,会更难教育,一但发现他的优点就要在集体中及时肯定和鼓励。因为集体对个体的欣赏,是对个体极大的精神支柱,会激发他的自信心,会让纪律教育变成自觉纪律。

课堂教学和纪律管理的关系

基本关系

谈论课堂纪律与课堂教学的关系似乎是多余的。这两者的关系也许人人皆知,良好的课堂纪律是课堂教学顺利进行并取得成效的保证,没有这个保证,就无法开展正常的课堂教学,教学质量就肯定受到影响。应该说,这种认识是正确而无可挑剔的。过去是这样,现在也仍然是这样。

问题在于,我们到底应该怎么去认识、理解课堂纪律。特别是在实施素质教育已成为必然趋势的今天,我们还能不能仍然沿袭着拘泥于我们已经习惯了的对课堂纪律的认识和理解去要求学生?

什么是良好的课堂纪律?据了解,为数不少的老师认为,良好的课堂纪律无非是学生坐姿端正,不交头接耳,不做小动作,不随便讲话,举手发言,如此等等。

学生遵守课堂纪律意味着什么?在不少为师者的心目中,就意味着学生能够按照老师的预想、老师提供的模式、老师要求的方法从事课堂学习行为,就是学生能理解老师的意图、顺应老师的思路、密切配合老师完成教学任务。

在这种认识和理解的支配下,很自然地把抓课堂纪律作为一个重要任务,想方设法,坚持不懈,以极大的耐心试图达到这样的目的。其实课堂纪律管理有许多要注意的方面,只有真正抓住了这些重点才

能管理,维持好课堂纪律,做到师生和谐。

注意事项

1. 避免人为的添乱

有些课堂上的乱是我们的老师在教学设计和教学活动中考虑不周到而带来的,教师自己添了乱。比如,在一节数学课上,老师将学生分成几个组,每组派一位同学代表小组上台竞赛。本来老师希望学生振奋精神,关注竞赛内容,但提出的要求却是:"为本组学生加油",小学生立即来了劲:"某某某,加油!""某某某,加油!"再控制纪律就比较难了,教学陷入了长时间停顿。

2. 树立遵守纪律的榜样

有了榜样,学生就有了模仿的对象,行为方式的改善就有了具体的标准。很多老师不仅注意树立榜样,而且注意让学生熟悉自己的体态语,老师的体态语指引着学生的行动。

3. 让学生分享老师的情感

比如，老师说："某某同学刚才的行为影响了其他同学学习，老师很不满意"。"某某同学这样做，老师很为他高兴"。课堂是师生之间情感交流的场所，教师把自己真实的情感体验让学生分享，不仅有利于纪律管理，而且可以使学生学会分享别人情感，尊重别人情感，正确地表达自己的情感。

4. 走到学生的身边去

相对而言，教室后面的学生更容易出现纪律问题，究其原因，教师与他们空间距离大了，心理距离也大了，而教师的影响力却小了。特别是多媒体进入课堂以后，一些教师把鼠标当成了羁绊与学生交流的绳索，更难走下讲台。因此，加强课堂纪律管理的其中一条建议就是：教师要走到学生身边去，相对近距离地对学生施加影响。

5. 使学生产生纪律需求

一般来说，中小学生参与教学活动，除了内部动机外，表扬、奖励等外在因素也是影响学生行为的重要原因，了解和利用学生的外在需求，并使学生产生纪律需求是进行纪律管理的有效手段一般而言，如果学生的行为有利于学习，是你期望的，你就给予肯定，而且必须明确那一类行为是你肯定的；相反，如果学生的行为是不利于学习，不是你期望的，就应该给予批评，但批评也一定要指向具体的行为。

6. 注意纪律要求的变化

比如，对新入学的一年级学生"你这样做很乖"可能巩固某些行为，但三年级，就需要从"我希望你怎么"到"你应该怎么"转变，从"你乖"到"你懂得规则"的转变，有利于将学生的行为表现从谋求老师的赞赏转化到认可和接受纪律的要求。

有效教学与课堂纪律的实现

有效教学的理念

有效教学的理念源于20世纪上半叶西方的教学科学化运动,在美国实用主义哲学和行为主义心理学影响的教学效能核定运动后,引起了世界各国教育学者的关注。20世纪以前在西方教育理论中占主导地位的教学观是"教学是艺术"。

但随着20世纪以来科学思潮的影响,以及心理学特别是行为科学的发展,人们意识到,教学也是科学。即教学不仅有科学的基础,而且还可以用科学的方法来研究。

于是,人们开始关注教学的哲学、心理学、社会学的理论基础,以及如何用观察、实验等科学的方法来研究教学问题。有效教学就是在这一背景下提出来的。

教学作为一种有明确目的性的认知活动,其有效性是我们广大教师所共同追求的。有效教学是教师在达成教学目标和满足学生发展需要方面都很成功的教学行为,是教学的社会价值和个体价值的双重表现。无论课改到哪里,有效的数学教学是我们教师永恒的追求。

怎样在小学课堂上达成有效教学,是目前课改热点问题之一。然而,不管是何种教学,维持课堂纪律是提高教学效益的最基本途径。

课堂纪律的实现途径

随着时代的发展,学生的个性也在发生着明显的改变,维持课堂纪

律对于很多教师来说已经是一个棘手的问题。个性张扬，自以为是，听不进劝告的学生越来越多，这个情况直接影响了如今课堂的纪律：当课堂上有学生发言时，往往许多学生不听，在座位上窃窃私语。而让他们回答问题的时候，却哑口无言或答非所问。这样的教学何谈有效？笔者通过多年的教学实践，总结了一些课堂纪律管理策略。

1巧妙地运用聚焦

在你开始上课之前，一定把教室里所有人的注意力都集中在你的身上，如果有人在私下聊天，你不要开始讲课。

没有经验的教师或许会认为，只要开始上课了，学生自然就会安静下来，以为学生会看到课堂已经开始，该进入学习状态了。有时这会起作用，但学生并不一定总会这么想，他们会认为你能接受他们的行为，不在意你讲课时有人说话。

聚焦这个技能意味着，你应该在开始上课之前要求学生集中注意力，即只要还有人没安静下来，你就一直等下去。有经验的教师的做

法是，在所有学生都完全安静下来之后，再停顿三五秒钟，然后才开始用低于平时的音调讲课。

多年的教学实践使我发现，讲课语气温和的教师，通常比嗓门大的教师课堂更加安静。因为学生会为了听到他的声音而保持安静。

2.处理违纪行为要及时

当学生在学习过程中出现违纪行为时，教师应该迅速判断学生是有意还是无意的破坏课堂纪律，并作出反应及时处理。一般来讲，如果一个学生只是在课堂上表现得比较消极、散漫，教师不必立即公开处理，可采用沉默、皱眉、眼神提醒等方法。

如果一个学生的违纪行为已明显干扰整个教学过程，教师就应该立即处理，并按情况采取提示、暗示、制止，甚至惩罚的方法。如果学生为了吸引教师的注意，比如，接话、出怪声等，教师可以暂时不予理睬的方法，课下再做出处理。

有经验的教师一般都知道，如果让那些出现了行为问题的学生成为教室里的注意焦点，他们反而会获得成就感，进而得寸进尺。因此，教学过程中，教师不仅要做知识的传递者，还要密切监控学生的行为表现，对问题的发生要有一定的预见性。然后要以不太引起别人注意的方式处理学生的行为问题，避免其他学生受到干扰，尽量不要中断教学的正常进行，尤其是不要频繁地中断教学来处理违纪行为。

3.不间断地实时监控

实施这一条的关键是教师在教室里四处走动。当学生在做作业时，在教室里巡回走动，检查他们做的情况。

有经验的教师会在学生开始做作业两分钟后对教室进行巡视，看是不是所有学生都开始做了，都在做该做的事情。延迟两分钟是很重要的，因为学生已经做出了一两道题，或写完了几个句子，这样你就可以检查是否正确。对于需要帮助的学生，教师应提供个性化的辅导。

那些还没怎么开始做的学生会因为老师走到跟前而加快速度，而开小差的学生也会被其他同学提醒。除非教师发现了共性的问题，否则，教师不要打断全体学生，不要进行集体指导。

4.创设合理的课堂结构

课堂中的纪律状况往往与教师给学生的形象、威信及处理问题的方式等密切相关。别看小学生年龄小，可"心眼"还挺大，为了维持纪律和进行课堂管理，教师要不断提高自己在各个方面的素养水平，热爱本职工作，对工作充满信心，情绪饱满地投入教学，热爱学生，与学生建立融洽师生的关系，并注意有时应站在学生的角度看待问题，营造和谐的课堂气氛。

首先，教师要精心设计教学结构，这是管理课堂纪律的一种有效方法。教师要花大力气认真细致地进行教学设计，有条不紊地进行教学，情绪稳定，安全感强，教师要用学生喜欢的方法，教学艺术性和愉快的情绪，良好的心理状态去感染学生，减少学生的背离性，避免课堂秩序的混乱。

课堂教学结构的设计既要以学生的需要、兴趣为前提，也要考虑教学内容的性质。不能为了纪律好，而脱离教材的内容去讲一些笑话之类的东西。

课堂常规也是课堂情境结构之一，因为必要的课堂常规可以起到安定情绪的作用，学生容易把注意力集中到当前的听讲的学习活动上。教师还应该用富有吸引力的语言和神情吸引学生，激发学生的学习兴趣，运用合理丰富多彩的教学方法，吸引学生的注意力，让学生尽可能地参与到课堂中来。

总之，良好的课堂纪律是顺利进行课堂教学活动的保证。通过课堂纪律管理，可以培养学生自觉遵守纪律的好习惯，创设一个最佳的教学环境，从而提高课堂教学效率。

提高课堂自觉纪律的方法

复式班课堂教学是一种比较特殊的教学形式,在一节课中,各班的教学内容不同,动静交替的次数多,培养复式班良好的课堂纪律至关重要,没有良好的课堂纪律,必能导致干扰课堂教学的顺利进行,会直接影响教师教学任务的完成,达不到理想的教学效果。如何抓好复式班学生课堂自觉纪律的培养,我们应做好许多方面。

以身作则,言传身教

教师应时时刻刻注意自己的言行,做学生的表率。如要求学生做到的自己应先做到,上课前做好充分准备,上课时不做与教学无关的事情,按时上课、下课,心平气和地对待每一位学生,板书必须工整,批改作业要及时。

纪律教育,常抓不懈

低年级学生好动贪玩、自制能力差。因此必须上好思想品德课,加强小学生守则、日常行为规范的养成教育,做到天天讲、时时讲,平时对学生严格要求,使每个学生思想上、行为上有一种自觉遵守纪律的观念,学生自己管住自己,自己约束自己。

动静交替,严谨有序

课堂教学中,做到动静搭配合理。直接教学时,教师语言要生动形象,教学方法灵活多样,激发学生的学习兴趣,让他们听之有味、学之有趣。静的年级自动作业要适量,难易适中,让学生在预定的时

间里能做、会做。这样,良好的课堂纪律自然形成,也可预防学生违纪课堂纪律的现象。

培养班干部,发挥助手作用

优秀班干部和得力小助手,是复式教学班学生自觉遵守纪律的关键。教师应经常亲近他们,找他们谈心,交给他们一些力所能及的任务。比如,直接教学时,自动作业这个年级由小助手负责学习和维持课堂纪律,发现个别同学有违反课堂纪律的现象,小助手要及时加以制止。

正面教育,表扬为主

在课堂教学时,个别学生不守课堂纪律现象时有发生。如说悄悄话、玩东西、同桌争座位、东张西望等,教师切忌用粗暴的言行,伤害他们幼小的心灵,可用"目光""手势"制止这些不良现象,或让他们板演、回答问题等,课后找他们个别谈,同时鼓励他们向守纪律、学习好的同学学习。发现他们的点滴进步及时表扬。

整顿周边环境,静化校园

小学生好奇心强,注意力易分散。如听到小商小贩的叫卖声,各种机动车的响声等,都会影响学生的课堂纪律。因此,我们必须整顿校园周边环境,让学生在一个安静舒适的校园里学习、生活。

总之,抓好复式班课堂自觉纪律的培养不是一朝一夕的事,教师应忠于教育事业,发扬奉献精神。耐心教育、悉心教学,促使每个学生逐步养成自觉遵守课堂纪律的好习惯。

控制课堂教学纪律的方法

俗话说："没有规矩，不成方圆。"有效的课堂纪律管理，实际上是在建立有序的课堂规则的过程中实现的。教师面对的是几十个性格各异、活泼好动的学生。如果没有一套行之有效的课堂常规，就不可能将这些学生有序地组织在教学活动中。

落实课堂常规训练

我们要防患于未燃，抓好初期工作。在第一节导言课上，就要向学生提出一些行为要求。如专心听讲、不讲废话、善于倾听同学的发言等，使他们明确在英语课上什么事该做，什么事不该做。

要适时地将一些一般性要求固定下来，形成学生的课堂行为规范并严格监督执行，这样不仅可以提高课堂管理的效率，避免秩序混乱，而且一旦学生适应这些规则后会形成心理上的稳定感，增强对课堂教学的认同感。如当小组讨论，教师大声喊"停"，学生并不理睬你时，就可以带领学生边击掌边说"一，二，三，停"。

要将这些课堂常规结合日常的教学，进行反复地训练、调整、巩固，使之形成一种自然的学习行为习惯，促进学生的自律性。

合理运用奖励机制

现在多数的学生对批评反应很平淡。但受到表扬那就不同了，一句鼓励的话，一个赞许的眼神，他们会争取做的更好。比如，学生问题回答的好，课文读的好，我们可借手势进行口头的表扬。如果是

书写一类的检查可采用奖励贴画的形式。但不论哪一类的奖励用的太多，太频繁是没有效果的，也不可以为奖励而奖励，奖励应该是我们对学生点滴的成绩由衷的赞许才会让学生感到自然，感受到成功带给自己的快乐，他们学起来才会更起劲。

运用奖励手段鼓励正当行为，通过惩罚制止不良行为，这是巩固纪律管理制度、提高管理效率的有效途径之一。俗话说："罚其十，不如奖其一"。

小学生好表现，渴望得到别人的赞扬。当课堂上，有的学生在阅读课文，而有的学生却在嘀嘀咕咕，如果这时，老师对全班说："你看，这个小朋友读得多认真啊！"保证那些在嘀咕的学生立即端正姿势，自觉地开始谈起来。可见学生的积极性行为得到奖励后，这种行为将得到巩固与强化。在奖励的方式上可以是物质性的，也可以是非物质性的。但主要采用非物质性奖励，如课堂上学生的表现令人满意，教师可以报以微笑，投以赞赏的目光等。

在教师的举手之间，眉宇之间，让学生们意识到行为的正确性，从而起到"蜻蜓点水"的作用。同时维持纪律的另一种有效方式就是采取一定的惩罚，所谓惩罚就是教师有意识地通过使学生经受不愉快的体验，以影响和改变学生行为的一种手段。但惩罚要讲究技巧性，不能滥用，更不能进行体罚。有时针对不专心听讲的学生，点名叫他回答问题，就是一种惩罚。

控制节奏，做好调控

规章只是学生行为的依据，奖励也不过是一种激励手段，要使学生认真听讲，积极参与，注意力集中。要设计好教学的每一个环节，课堂上根据小学生的特点控制好节奏。重点的地方节奏要慢，难点不仅要慢，多举例，还要循序渐进，化整为零，各个击破。

1.控制教学节奏

五彩校园文化艺术活动丛书

节奏是世界万事万物的运动规律，教学节奏是影响课堂纪律的重要因素之一。

学生在上课时容易出现问题行为，教师的教学节奏太慢，不能不说是原因之一。据测，人的思维速度比一般说话要快三四倍。教学进度太慢，接受的内容就大大落在思维之后，学生不得不经常调整自己的思维，降低速度。一些接受能力强的学生或自控能力差的学生就利用调整时间去做其他的事，常此以往就会形成一种习惯，严重影响课堂纪律。

同样教师的教学节奏过快，单位时间里的信息量过大，就会让学生紧张地喘不过气来，没有思考的余地，导致学生学习情绪低落、效率低下、注意力不集中。各种问题行为就会产生，因此教学应节奏紧凑、快慢有度，灵活地处理各个教学环节，切忌在45分钟内处处平均用力。

在引入新课时，学生的精神状态较好，对新知识充满好奇，这时

教学应是明快、主动的。在理解、新授阶段应突出重点、解决难点，对于难点应循序渐进，安排多一点时间，多一步引导学生，使学生有充分的余地消化每个教学信息点，沉醉于学习思考中。

2.调控学生的参与面

在课堂上如果仅仅只有几个学生参与一个教学活动，其余的学生只能做"观众"，那么这些"观众"就很可能会不经意地做出违反纪律的行为来。因为我们面对的是十一二岁的孩子，他们爱说爱笑、爱动爱玩，要他们端端正正坐足四十分钟是绝对不可能的。因此教师在课堂的每一时刻都应该最大限度的让学生参与课堂，引发学生积极的学习行为，不让学生的思维停顿下来。

3.教学方法要灵活多样

在现代教学中，教学方法要灵活多样，可采用游戏，歌曲等学生喜闻乐见的形式把教学内容溶入其中。再就是及时的对所学的内容进行训练，训练可以是俩俩的形式，也可以是四人小组的形式。

最后就是要面向全体学生，让所有的学生都参与到课堂活动中来，尤其是学习上有困难的学生，我们做老师的应该给他们更多的关爱，要看到学生哪怕是很微不足道的进步，多鼓励，多表扬，多用欣赏的眼光看学生的点滴的进步，只有给学生更多的关爱，学生才乐意接受我们的教育，才不会在课堂上做违反纪律的事。

提高纪律教育的教学水平

课堂教学管理是提高教学质量的重要环节。它既是教师职业道德的要求也是教师必备的基本素质和基本功。而课堂纪律是课堂管理的重要方面，是搞好教学的保证。

教师的管理心态

作为一线教师，在多年的教学实践及与其他教师的交流中发现，教师对课堂教学管理存有几种心态。一是不敢管，担心有的学生会产生敌对心理。二是不会管，不可否认，有不少教师工作责任心很强，也很想把课堂教学组织得井井有条，秩序井然。

但是，在管理上往往不得要领，缺乏有效的管理方法和经验。要么性情急躁，动辄点名批评，批评多而表扬激励少，严而失度，简单粗暴，过后思想疏导又不及时或者不到位，使学生难以接受，甚至引发学生的逆反心理；要么要求标准不高，要求不严，课堂教学管理和组织能力不强，想管好而管不好，不能驾驭控制课堂，课堂教学秩序失控。

还有就是不愿管。有个别教师认为，教师的主要任务是教学，是给学生传授知识，提高学生能力素质，课堂教学管理严和松对教师来说无关紧要。有的教师认为天天抓课堂纪律，会分散教学的精力。还有的教师认为，抓课堂教学纪律和管理会影响教学进度，与提高教学质量有些矛盾，且费力不讨好。

这些心态都是错误的。良好的课堂纪律可以为教师授课和学生听课创造一个愉悦的氛围和环境，使师生关系趋于和谐，对教与学都是有益的。

课堂管理的措施

1.要树立教风

用良好教风带动课堂纪律的养成，教学无小事，处处是育人；教师无小节，处处是楷模，要用正确的政治观点和政治态度影响学生；严格要求自己，以身作则去带动学生；用勤奋工作，乐于奉献的行动感染学生，用丰富的知识和科的教学技巧吸引学生。在学生中树立起自己的威信。

2.要敢管敢抓

课堂教学管理是搞好教学的前提，作为教师要敢字当头，敢于对学生大胆管理，而不要有这样那样的顾虑和私心杂念。特别是有相当一部分学生不思进取，学习缺乏动力，上课经常迟到，不专心听讲，对这样的学生一定要严格要求，要明确是非，不能姑息，否则将使其他学生产生从众心理，影响正常的教学秩序和学风建设。通过多年的实践，我们不难发现教师只要公正，敢管敢抓，大多数学生就会佩服你。

3.培养习惯

每次上课前教师首先要反复强调在课堂上应该做什么，不应该做什么，把校、班两级的规章制度告诉他们，通过反复的强化逐渐使学生养成良好的习惯，这样比教师上来就讲课效果好得多。

4.注重教学方式

有效的教学是防止课堂问题行为发生的第一道防线，好的纪律来自好的教学。因此，改善课堂纪律，必须改善我们的教学，增强教学的魅力。当代课堂管理研究者都高度强调有效教学策略与学生良好行为之间的关系。

在课堂管理研究中,格拉瑟等人都曾指出,优质课程、优质教学和优质学习是有效纪律的主要特征。美国著名课堂纪律研究专家库宁也认为,维持纪律的最佳方式是吸引学生积极参加课堂活动。

教学实践表明,教师的教学效果好,课堂教学秩序也会很好;教师的教学效果差,课堂教学管理的难度就越大。教学效果不好,学生怨声载道,又怎么能要求学生认真听讲、主动配合呢?为此培养和提高学生学习的兴趣,教师就必须灵活运用多种方法,来钻研教材和教法,特别是教师必须研究学生的实际情况,针对学生的需要,采取让学生喜爱的教学法。

5.和谐师生关系

在教学中我们不难发现,许多教师在进行课堂纪律管理时,只想到自己是课堂纪律的管理者和监督者,而没有意识到教师本身和学生一样是构成课堂纪律的重要因素,自己的言谈举止,与学生之间关系的好坏,直接影响着班级课堂纪律。

因此,要做好课堂纪律管理,融洽师生关系,师生心理融恰是必不可少的一个条件,教师能了解与满足学生的愿望和心理需求,学生了解教师的要求与纪律允许的自由活动范围,师生行动协调一致,良好的课堂纪律自然容易形成。

总之,抓好课堂纪律是一场持久战。只要我们坚持不懈,各方面一起努力,就能让学生养成遵守课堂纪律的好习惯,从而促进教师课堂教学管理水平及教学质量的提高。

学生纪律教育的方法运用

班主任是对学生实施纪律教育的第一责任人，班主任工作方法的科学与否，将直接影响自己班的班风乃至校风。那么如何对学生进行纪律教育，下面谈一些具体做法。

制定计划，以防为主

大量的事例证明，若一开始不注意对学生进行纪律教育，制订好班规，一个班级违反纪律的现象就会好似割韭菜一样，去掉一茬又冒出一茬。因此，必须精心计划，以防为主，防止一些违纪现象的发生，否则班主任就疲于应付他们，分散精力。

班主任要将预防工作做在平时。经常用身边发生的能感受到的又能产生共鸣的正反面事例教育学生，防止他们的行为和学习出现偏差，利用好每周的一节班会课进行纪律教育。

老师、家长齐抓共管

纪律教育是一项讲易做难的一项工作。班主任、家长、科任老师必须齐抓共管。因为初中生正处于心理发生巨大变化的转变时期，学生成人感日渐强烈，但因是非不明，常故意违抗师长。

随着其独立性增强，就减少与师长的交流，增加与伙伴的交往，认为能得罪师长，决不能失去伙伴的信任和友谊，因此他们常拉帮结派，采取统一行动。基于以上特点，班主任必须多和科任老师、家长联系，及时了解学生的思想状况、学习状况和家庭情况，发现问题及

时解决。多与任课教师联系，还可增进感情，增强凝聚力，打好整体战，形成更大的教育合力。

1.和家长保持联系

让家长更好地了解学校对学生的要求，使家庭教育与学校教育保持一致性。

2.通过家访了解情况

通过家访，班主任可深入了解学生的家庭情况，弄清家庭教育和环境对学生的影响，可与家长一道深入研究和改革教育方法。

多家访可缩短老师与家长、学生的心理距离，特别是和经常违纪学生家长间的距离，取得学生和家长的信任，从而易于和家长、学生沟通。

实际上违纪的学生最怕老师家访，怕老师登门告状后受到家长的打骂。因此，家访时要避免全部说学生实情，应以肯定成绩和进步为

主，在充分肯定成绩的基础上提出不足，给学生家长以希望和信心，这样才能达到家访的目的，家长才乐于同老师接触，才能拿出最大的耐心与老师配合。

抓突破口，找出闪光点

1.抓突破口

在平时的工作中，常常会感到违纪学生不可理喻，自觉花费精力不少，却收效甚微。其主要原因是未找到突破口，未对症下药。只要多与违纪的学生接触，多了解其爱好，正确利用和发挥其特长，给其表现的机会，使其尝到成功的甜头，他们就会自觉发生转变。

2.多鼓励，少责难

给违纪学生以战胜困难的勇气。对于犯错误的学生，引导其分析做错的原因、总结经验教训、指引前进方向与严厉训斥相比，前者更能引起学生的负疚感，教育效果远大于后者。

3.把握时机及时教育

教育良机稍纵即逝，应及时发现和把握。如有微小进步时及时表扬；在活动、劳动、放学路上等非严肃场所进行情感交流；学生违纪后稍有认识时也是一次教育良机。

4.榜样的力量是无穷的

违纪学生也有自觉心，当其同伴取得进步得到老师同学的赞扬时，就会感到自尊心受损，不服气，并产生战胜对方的冲动，只要我们及时正确引导，违纪的学生的这种冲动将是他们改变命运的转折点，他们将由此大踏步前进。

5.尊重纪律差的学生

因纪律差的学生在学生群体中的地位低下，他们非常渴望人们理解他们和尊重他们。哪怕只是一句肯定或表扬的话，他们就会得到一次转化的良机。

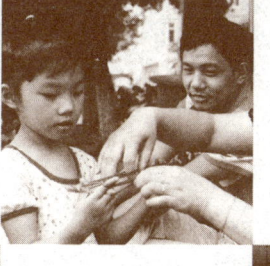

校园行为类活动

NO6. 学生民主法制教育的指导

学生学习法律的意义和方法

新中国成立后特别是党的十一届三中全会以来,我国不仅对立法工作十分重视,而且在群众中反复进行法制宣传教育,号召有接受能力的公民,都要学习社会主义法律常识,并于1986年开始实施了"五普法"和"二五普法"工程,取得了显著成效。为什么党和国家向公民提出学法、普及法律常识呢?如何学好法律常识?

学习法律的意义

公民学习法律常识是具有非常重要的意义的。可以从以下几个方面来说明:

1.学法才能知法、懂法、用法

我国社会主义法虽然从本质上来说是工人阶级领导的全体人民意志的体现,是人民自己手中的工具和武器,而且,在制定过程中,立法者也尽量注意到使法律通俗易懂。但是任何公民要真正能做到知法懂法,也还是要经过较长时间的努力学习。

随着我国社会主义法制建设工作的不断深入,国家颁布的法律的数量越来越多,人们不是轻而易举就能掌握的,而且法律条文里边包含的自然科学等方面的知识也比较丰富,因此给学法者理解方面也带来了一定困难。

因此,人们要更好地做到知法、懂法,就非得尽可能地掌握法律里所包涵的丰富的科学知识,弄明白有关的术语、词汇的基本意思不

可，而要做到这一点，没有别的途径，只有花费一定的时间和精力去认真学习。

另外，随着我国社会主义法制的不断健全和完善，法律影响社会的广度和深度都在发展，"用法"成了人们的迫切需要。然而，现实生活中，许多人需要用法律来保护自己的时候，却不知道用法，不会用法，法律意识相当淡薄。主要原因是他们还不知法、不懂法，或知法不多，懂法不深。解决这个问题的办法只有一条，那就是积极响应党和政府的号召，认真学习法律常识，逐步做到知法、懂法，并且学会用法。

2.学法才能培养社会主义法律意识

法律意识也称法律观，它是人们关于法律的情感、信念、观点和思想等的总称。社会主义法律意识，是一种崭新的无产阶级的法律意识。

作为社会主义国家的公民，除了应该具有忠于祖国和人民，贯彻执行党和国家的方针、政策，积极投身改革，努力为四化做贡献的政治意识外，还应该逐渐培养自己的社会主义法律意识，这也是非常重要的。公民的社会主义法律意识提高了，他们热爱和拥护我国现行法律的情感，信念才能加深，并且由自发上升到自觉。

这不仅对保护国家、集体和公民个人的合法利益，巩固安定的社会秩序，而且对维护社会主义法律的尊严和权威，都具有巨大意义。

3.学法是做到守法的必要前提

大家知道，社会上经常发生一般违法行为和犯罪行为。出现这种情况的原因是多方面的，其中很重要的一条，就是许多人从来不学习国家各项法律，因而也就根本不知法、不懂法，违了法甚至犯了罪，自己还不知道究竟。例如，杀害自己的孩子，砍伐国家森林，滥捕乱杀飞禽走兽，私拆别人信件，偷听别人电话，虐待迫害部属等等类似的违法犯罪现象，却不认为是违法犯罪的人不在少数。

可见,不学习国家法律,没有法律常识的人,就不会有自觉守法的观念,就难免做出违法以至犯罪的事情来。所以我们要想做一个知法、懂法、自觉守法的好公民,必须要学习法律常识,把学法、增强守法观念列入自己的议事日程,作为自己生活中一项不可缺少的内容。

学习法律的方法

学习法律同做其他任何事情一样,光有热情是不够的。如果没有明确的目标,适当的内容和正确的方法,那么,人们学法的热情就不会持久,要取得显著的成绩也是困难的。

1.明确学法的目的

学习法律常识不只是关系到公民个人的事情,而且是我国民主和法制建设的迫切需要,是我国改革开放和现代化建设的客观要求,它对于促进我国社会主义物质文明和精神文明建设,维护社会稳定和国家的长

治久安,都具有重大的现实意义和深远的历史影响,因此,每个公民都应把学法的目的同建设富强、民主、文明的社会主义现代化的伟大目标联系起来。学法的目的明确了,人们才能有长久的学习热情,也才能有克服困难的勇气和信心,这是学习法律常识的思想基础。

2.选定适当的学习内容

由于公民之间的文化程度,职业等方面的条件不同,因而,大家学习法律常识的内容也应有所区别。但是,我国的宪法、刑法、刑事诉讼法、民法通则、民事诉讼法、婚姻法、继承法、经济合同法、教育法、兵役法、未成年人保护法、妇女儿童保护法、治安管理处罚条例等与广大人民有密切的关系,大家都应当学习这些法律。

3.要先学好宪法

宪法是我国的根本大法和国家的总章程;宪法是我们国家整个法律体系的基础和核心,它包含了各个部门法律的基本精神和基本原则。特别应该强调的是,宪法明确规定了坚持共产党的领导,坚持社会主义道路,坚持人民民主专政,坚持马列主义,是我们在当前和今后长时期内反对资产阶级自由化和国际敌对势力的"和平演变",维护社会稳定的强有力的法律武器和思想武器。

学习宪法必须明确宪法的地位和作用,我国的国家性质、政治制度和根本任务,公民的基本权利和义务,国家机构的组织、职能及活动原则,国旗、国徽、首都等。并且懂得维护宪法尊严,保障宪法实施是每个公民的神圣职责。第四,采取正确的学习方法。

总之,在全国普及法律常识的今天,学法的途径是多种多样的。每个公民应根据自己的文化程度、工作性质、时间安排等具体条件,尽可能地把各种学习形式结合起来,争取学好,努力做一个学法、知法、守法的好公民。

中小学民主法制教育的内容

小学生法制教育的内容

在小学阶段，进行初步的法律意识、权利意识和自我保护意识的启蒙教育，使学生具备初步的法律观念和权利观念是非常有教育意义的。小学生法制教育内容可选用《中华人民共和国预防未成年人犯罪法》普及教育读本等书作为教材。在教育中要有针对性，与当前学生中存在的比较普遍的法制问题紧密结合起来。

例如，要让学生懂得"未成年人不允许进入营业性歌舞厅、电子游戏室等场所"。因为，如今学生减负后有了较多的空余时间，如果学校没有对学生加强教育和正确引导，他们就容易误入营业性电子游戏室之类场所活动，危害身心健康。

又如，让学生懂得"自觉抵制有害读物的传播"很重要。因为小学生平时喜欢看杂志、画报之类的读物。由于他们年龄小，明辨是非能力差，容易被不健康的刊物所引诱，毒害非浅。学生学了我国颁布的《预防未成年人犯罪法》后，懂得未成人严禁观看、收听色情、淫秽的音像制品和读物等有关法律知识后，就有了辨别是非的能力。

再如，近几年父母离婚的学生逐渐增多，这些孩子有的被父母抛弃，无人关心，失去了家庭的温暖，容易走入邪道。学生学习了"未成年人保护法"后懂得父母或者其他监护人对未成年人不得放任不管，放弃监护职责等法律知识，使自己能得到法律的保护。

目前学校法制教育还是一个薄弱环节,缺乏经验。对小学生进行法制教育,要根据他们的年龄特点,结合实际运用多种方法有效地教育。要使的学生想学,学得好,真正掌握好《预防未成年犯罪法》的知识,学校就要严格依照教育的法制规定,对师生及社会进行法制知识宣传。

另一方面学校要本着正面教育、预防为主的原则,精心选择法制教育内容,保证法制教育"四落实""三到位",以此增强少年儿童的学法意识,提高自我保护能力,要真正做到这些必须深入了解法治社会。

1.了解社会生活中有规则

法律是社会生活中人人都要遵守的具有强制性的规则。法律规定人们在日常生活和各种特定条件下能够做什么、必须做什么或禁止做什么。

2. 初步了解法律的作用

青少年学生要了解法律的作用，体会法律代表公平正义，维护秩序，保障自由，保护人身、财产等权力不受侵犯。

3. 了解自己依法享有的权利

在我国，公民一出生就享有生命权、受抚育权、受监护权、继承权、接受义务教育权、选举权、被选举权、劳动权等。任何人的权利都不可随意剥夺和侵犯。法律面前，人人平等。

4. 了解国家的根本大法

宪法是我国的根本大法，它规定了国家的根本制度和根本任务，是我国社会主义法制的基础和核心。我国现行宪法序言规定，"本宪法以法律的形式确认了中国各族人民奋斗的成果，规定了国家的根本制度和根本任务，是国家的根本法，具有最高的法律效力。"

宪法序言上述规定突出强调了以下几个方面的内容：

（1）我国的宪法是法律的一种形式。宪法不是政治纲领，它是由宪法规范、宪法原则以及一些非规范性的对社会制度基本事实的法律规定构成的一个有机统一的法律体系。作为法律的一种形式，宪法也具有其他法律形式的一般法律技术特征，当宪法中的条文规定的含义不清或者界限模糊时，也需要通过采取法律解释的手段来使宪法的规定含义明确，因此，宪法解释是我国法律解释制度的有机组成部分之一，而不是可以对其随意加以解释的政治纲领。

（2）宪法是根本法。它规定了我国的根本制度和根本任务，因此，宪法规定的内容一般较抽象、较概括，而宪法作为法律形式之一要正确地加以实施或者是适用，比起其他法律而言就更需要进行释义。

（3）宪法具有最高的法律效力。这就决定了作为最高法律效力的宪法其条文释义的最终的正式的法律效力就必须同宪法条文本身一样具有权威性，而不能同我国宪法所确立的根本制度互相矛盾和发生冲突，否则，宪法解释的结果就不利于宪法的正确实施。是制定其他法律的依据，具有最高的法律效力，初步建立宪法意识。

5.了解未成年人的基本权利

青少年学生要了解未成年人权利的基本内容：

（1）生命健康权。生命健康权是公民最基本、最重要的权利，是公民享受其他权利的基础。生命健康权包括生命权和健康权两部分，未成年人享有生命安全、身体健康，受法律保护的权利，任何组织和个人都不得非法侵害。对侵害未成年人生命健康的行为，未成年人及其监护人有权向有关机关控告，直至诉诸法律。

（2）姓名权。未成年人有权决定、使用和依照规定由父母、收养人向户口登记机关申请变更登记后改变自己的姓名，禁止他人干涉、盗用、假冒。未成年人可以随父亲姓，也可以随母亲姓。

（3）肖像权。肖像权是指未成年人对以各种形式反映自己容貌特征的个人形象享有的专有权。其内容包括：未成年人拥有自己的肖像，并有权通过对肖像的利用取得精神上、财产上的利益；经未成年人监护人的书面同意，允许他人使用未成年人的肖像，未成年人有权取得适当的报酬；未经未成年人监护人的书面同意，任何人不得以营利为目的使用未成年人的肖像；未成年人及其监护人有权禁止他人非法毁损、侮辱、玷污未成年人的肖像。

（4）名誉权。名誉权是指未成年人享有名誉、人格尊严不受侵犯的权利。禁止用侮辱、诽谤等方式损害未成年人的名誉。《未成年人保护法》将"尊重未成年人的人格尊严"列为保护未成年人工作的基本原则，充分体现了国家对未成年人人格尊严的重视和保护。

（5）荣誉权。荣誉权是指未成年人有接受政府、社会组织、单位对自己的表彰、嘉奖和授予荣誉称号并对荣誉加以维护的权利。未成年人的荣誉权不受非法侵犯，禁止非法剥夺未成年人被授予的荣誉称号。

《未成年人保护法》规定：国家依法保护未成年人的智力成果和荣誉权。对于歪曲事实、造谣诽谤、恶意中伤，侵害未成年人荣誉权的行为，未成年人及其父母或者其他监护人可以要求行为人停止侵害，恢复名誉，消除影响，赔礼道歉，并可以要求赔偿。

（6）隐私权。隐私权是指未成年人享有的个人生活不被公众知晓，禁止他人非法干涉的权利。未成年人享有隐私权，任何组织和个人不得披露未成年人的个人隐私。

（7）受抚养权。未成年人出生后有权享受父母或者其他监护人的抚养。抚养未成年子女是父母应尽的义务，对于不履行抚养义务的父母，未成年子女有权要求父母给付抚养费。

中学生法制教育的内容

1.提高认识，加强法制教育管理

（1）坚持"四个落实"。将法制教育纳入课堂，针对学生的实际，精心选择教育内容，充分发挥班（队）会、晨会、思品课、社会课等学科教育的作用，以点带面切实做到法制教育的大纲落实、教材落实、教师落实、课时落实，使普及面达100%，每年不少于10课时。

（2）做到"三个到位"。首先上教师认识到位：组织教师学习《教育法》、《教师法》、《义务教育法》、《未成年人保护法》、《预防未成年人犯罪法》等法律法规，提高教师依法执教的水平。其次工作到位：将法制教育纳入学校总体发展规划和各阶段工作计划，保证法制教育工作的有序运行。

（3）资料管理到位：建立学校法制教育专项资料，实施规范化管理。

2.严格措施，活化法制教育形式

（1）教。坚持将法制教育与课堂教学有机结合，充分挖掘教材里涵盖的法制教育内容，结合教学活动对学生进行法律常识和法制意识。

（2）听。听法制教育专题报告。第二周是法制教育周，通过国旗下讲话和聘请法制副校长、法制辅导员作专题报告。

（3）看。组织学生观看法制教育资料片和爱国主义教育影视片。

（4）读。开展读好书活动，组织学生阅读法制教育和爱国主义教育书刊。

（5）写。举办法制教育征文比赛，结合"看：与"读"，开展征文竞赛，激发学生学法用法的意识。

（6）赛。开展法制教育竞赛活动。举办法律法规知识竞赛，与卫生、文明行为、两操"三面流动红旗"和评选活动结合起来，促进学校"三风"建设教育。

3.营造法制教育氛围

（1）加强校园环境建设。开辟法制教育专栏，使校园内处处见法，利用红领巾广播站定期宣传法制教育内容。

（2）建立法制教育基地。设立"青少年维权信箱"，并指定专人定期开箱，掌握学生反映情况。

（3）充分发挥少先队的组织作用，通过开展形式多样的班队活动、节日庆典活动，充分发挥队组织的帮助教育职能。

（4）积极指导家庭教育。积极组织对学生家长的法制教育，通过家校联系的加强，发挥好家庭在法制教育中的积极作用。

（5）以"校园110"为载体，经常开展师生法律知识咨询活动。

中小学法制教育存在的问题

在现代法治社会中,是否具备法律素质,有无法律意识和法制观念,是衡量个体社会化程度的一项基本标准。随着义务教育的全面普及和个体受教育年限的逐渐增长,学校已成为个体社会化必经环节。

法制教育应当成为现代学校教育的一个重点,强化现代学校法制教育,提高现代学校法制教育实效,具有重要的现实意义。然而,当前学校法制教育现状与建设法治国家的基本要求是不相适应的,它直接影响了中国法治化进程。

把法制教育作为德育的一个组成部分

除大学有专门的法律教材外,各级各类学校的法制教育内容不仅少得可怜,而且全部散见于德育类教材中,作为学校德育内容的一个相对次要的组成部分,不系统、不全面、无规律,缺乏内在连续性。

殊不知,"道德人"与"法律人"尽管有着密切的联系,但本质上是有区别的,有道德的人会因为不懂法而触犯法律,而不道德的人却会因为了解法律而不敢犯法。同时,德育概念本身也没有包括法制教育,学校德育广义理解包括政治教育、思想教育和品德教育,狭义理解仅指品德教育。

政治教育主要指政治立场、观点、态度以及政治鉴别力等方面的教育,思想教育仅指人生观和世界观教育,而品德教育旨在培养教育者良好的道德品质。德育的三大组成部分本身并不涵盖法制教育内容。

另外,比较美国、德国与瑞士等国的学校教育,尽管也强调道德或宗教教育,但法制教育却是这些国家学校教育的传统,它与道德或宗教教育无论从教材编写、专业设置还是教师配备上都有区别。可见,把学校法制教育内容变相为德育内容,这种做法从理论上是没有任何依据的。同样,在学校教育实践中,德育实践本身就在以分数和升学率为杠杆、以智育为中心的教育体制面前毫无地位可言,再把法制教育纳入德育范畴,无疑于彻底否定了法制教育的重要地位。

把法律素质排除在素质教育内容之外

法律素质是指个体通过法制环境影响和法制教育训练所获得的、并按照法律要求自觉地规范自己行为的内在稳定的特征和倾向。

如前所述,在法律已经遍布国家政治经济和社会生活各个领域的今天,法律素质已成为个体社会化所必须具备的基本素质。然而,一直以来我国素质教育理论研究中,法律素质的理论研究几乎是一片空白,既没有明确提出"法律素质"概念,也没有对法律素质在素质教

育中的地位和作用以及培养中小学生法律素质的途径和方法等方面进行分析研究。

当前的学校素质教育也没有突破传统学校教育的人才培养模式，在认识上只承认"法律意识"或"法制观念"的存在，在实践中忽视甚至放弃对学生的法律素质培养。熟不知，建设社会主义法治国家是我国的政治理想。

教育在一定意义上是为政治服务的

当今大力倡导的素质教育同样要为实现政治理想服务，成为建设社会主义法治国家的强大推进器，这种作用的集中表现就是培养法律职业群体和包括法律素质在内的综合素质人才。

如果素质教育理论仍然停留在原来的水平，无视法律素质的存在，不重视法律素质的研究，学校教育实践仍然沿用原来的人才培养模式，不加强法律素质教育，就必然影响到建设社会主义法治国家进程。

把法制教育等同于法律知识教学

法制教育是指通过学校的各种教育形式，使学生知法、守法并学会用法，培养和提高法律素质，形成良好的守法用法和护法习惯，自觉树立法律权威。

当前学校法制教育实践，绝大多数仅仅停留在"知法"这一层次上，忽视了对学生进行法律情感的陶冶和法律行为习惯的培养。

当然，法律知识教学是法制教育的有机组成部分，但两者有着重要区别，法律知识教学不能代替法制教育，知法者并不一定是守法者，知法是前提和手段，守法、用法和护法才是法制教育的目的和归宿。

中小学法制宣传教育的对策

加强领导

为青少年法制宣传教育提供组织保障。首先要加强制度建设。青少年法制宣传教育涉及范围广,牵涉单位多,必须由各级党委、政府牵头,给予必要的人、财、物保障,并组织协调各职能部门制定切实可行的政策规定,把青少年法制教育纳入制度化的管理轨道。

然后是要加强队伍建设。一方面,要大力加强学校法制课的师资

力量，提高法制课教师的法律素质，鼓励现有的法制课教师参与法律学历教育，吸引法律专业的大中专毕业生投身于中小学校法制教育事业，彻底解决中小学校法制课师资短缺的问题。

另一方面，要加强对法制副校长、法制辅导员的培训，完善他们的法律知识结构，改变法制副校长、法制辅导员只懂得与自身相关法律的单一知识结构现状，培养适合青少年特点的法制专业人才。

最后要加强阵地建设。要根据各地的实际情况，充分发挥自身优势，积极组建法律宣讲团、建立青少年法制教育基地、开办家长法制学校等，为青少年学法用法提供必要的活动场所。

强化措施

进一步发挥中小学法制宣传教育的主渠道作用。首先是要转变现有的教育教学观念。不能把教育教学目标仅仅停留在为应试教育而教育的层面上，要从提高青少年综合素质、构建社会主义和谐社会、推进依法治国的高度，对法制课重新定好位置，真正实现教书育人，培养社会主义合格人才。

然后要将法制宣传教育渗透到各个学科，不能搞"单打独斗"，努力形成课堂教学合力。同时，要针对青少年身心特点及生理、心里接受能力，创新教育方法，努力借助现代化教学工具和现代传媒手段，采用学生喜闻乐见、生动活泼的教学形式提高法制宣传教育效果。三是要充分发挥法制副校长的独特作用，坚持依法治校、依法管理学生，为青少年学习法律知识营造良好的法治氛围。

协调沟通

进一步增强中小学法制宣传教育合力。首先是要加强各职能部门之间的协调。明确各职能部门在青少年法制教育中的职责，既避免重复交叉，浪费人才、物力、时间，又避免互相推诿扯皮，产生"空白地带"，形成各部门协调配合，互相促进，共同发展的良好运行机制。

然后是要加强学校与社会的协调。在充分发挥学校法制教育主渠道作用的同时，进一步加强学生离校期间的管理，发挥社区熟悉情况、近便安全的优势，组织青少年积极参与社区法制宣传教育各项活动，使青少年法制宣传教育与全民法制宣传教育相互结合，相互促进。三是要加强学校与家庭的协调配合。家庭是青少年健康成长的摇篮，家长是孩子的启蒙老师，家庭教育对青少年成长起着决定性的作用。要进一步加强全民法制宣传教育，努力提高家长的法律素质，为青少年学生做好示范。要通过"大手小手互牵"等行之有效的形式建立起学校、家庭的联动机制。

创新形式

不断提高中小学法制宣传教育的针对性。首先要充分利用现代传媒，用优秀、生动、形象、直观的法制教育内容，抢占各类传媒阵地，引导青少年抵制消极、丑恶的影视作品和黄、黑网吧的负面影响。

要总结现有成功的教育方法，大力开展法制讲座、法律知识竞赛、法律征文、模拟法庭、法制文艺小节目、法制手抄报等活动，丰富青少年的业务活动内容；要根据不同年龄段青少年的特点，编写适合其生理心理特点的法制课教材，提高针对性。

然后要结合道德规范教育和科技文化知识的学习开展青少年学法用法活动。法律与道德规范有着天然的联系，科技文化水平的高低对法律知识的学习领会也起着重要的作用。同时，法律、道德、文化三者在内容、形式上互为补充，互相衔接，因此要搞好三者的结合。

最后要把维护青少年合法权益，预防、打击青少年违法犯罪与加强青少年法制教育结合起来。加强青少年法制教育不仅仅是让青少年学法懂法守法，更重要的是要让青少年树立法律意识，提高运用法律保护自身和他人合法权益的能力与水平。

中小学民主法制教育的措施

组织措施

各级党委宣传部门、政府教育行政和司法行政部门要高度重视,加强对中小学法制教育工作的领导。教育行政部门要从实际出发,制订法制教育的实施计划,整合当地德育、教研、科研等部门的力量,进行法制教育的研究和实践;学校由校长或分管校长负责,把法制教育作为教育教学和课程改革的重要内容。除学科课程所占课时外,每

学年要根据法制教育的要求和实际情况,结合学校课程实际,安排合理的课时用于法制专题教育活动,法制专题教育的时间纳入学校总体教学计划,确保课时,保证质量。

资源利用

各地教育行政部门和学校要多方开发和利用校内外丰富的法制教育资源,加强法制教育的软件建设,积极开发图文资料、教学课件、音像制品等教学资源;利用网络、影视、图书馆、爱国主义教育基地等社会资源,丰富法制教育的内容和手段。司法、公安部门应选择适合青少年参观的相关普法教育机构和设施,开辟为中小学法制教育基地,向未成年人开放,为青少年法制教育服务。

各地进行法制教育使用的相关材料必须科学、系统、权威,既要符合青少年认识特点和成才需求,又要充分体现法制教育的科学性、规范性、严密性。原则上以结合相关课程教学为主,不另外编写法制教育教材,也不得强行组织学生集体购买。

队伍培训

各地教育行政部门要有规划地培养专兼职相结合的法制宣传教育队伍,鼓励有条件的中小学聘任法制教育专、兼职教师。要对全体教师进行有关法制教育基本知识和必备能力的培训;对学科教师、法制教育辅导员要加强专业技能的培训,尤其对品德与生活、品德与社会、历史与社会、思想品德、思想政治课程教师加强法律专业知识的培训,培养、壮大和提高法制教育的师资队伍。

社会支持

各地教育行政部门要积极依靠司法、行政执法部门和社会专业机构的力量,为广大中小学师生提供法律咨询等专业支持,开发开放法制教育资源,提高法制教育的质量;要积极协调社区、家庭等社会资源,提供充足的教育设施和条件,为中小学生法制教育营造良好的环境。

中小学民主法制教育的实施

中小学生法制教育要以有机渗透在学校教育的各门学科、各个环节、各个方面为主，同时，利用课内课外相结合等方式开展形式多样的专题教育和丰富多彩的课外活动。要重视整合学校、家庭和社会的法制教育资源，发挥整体合力，提高法制教育的实效。

学科教学中实施

1.骨干学科教学

小学的品德与生活、品德与社会等学科，初中的思想品德、历史与社会、地理等学科，高中的思想政治、历史等学科，是法制教育的骨干学科。要在这些学科的教学中挖掘法制教育内容，增强法制教育，分层次、分阶段，适时、适量、适度地对学生进行生动活泼的法制教育。

（1）小学阶段。《品德与生活》：在学生能感受、能观察、能体验的日常生活中渗透法制教育，采取适合小学生接受能力的各种生动有趣的活动方式，使学生初步了解法律，引导学生初步树立正确的价值观和良好的行为习惯。

《品德与社会》：在学生思考和探究的学习过程中渗透基本的法律知识教育，理解法律在社会生活中的意义，认识法律在维护社会秩序中的重要作用，学习运用法律知识思考和分析一些简单的社会生活现象，学习运用法律手段保护自己、规范自身行为，从小做一个知法守法的公民。

（2）初中阶段。《思想品德》：结合学生的品德修养，采取分散与集中相结合的方式，将法制教育作为重要的教学内容。在小学法制教育的基础上，了解法律是具有强制性的行为规范，了解我国法律对未成年人的特殊保护，学会运用法律维护合法权益；了解我国法律对预防未成年人犯罪的规定，增强自我防范意识；了解宪法和法律对公民权利和义务的规定，能够正确行使权利，履行义务；了解依法治国是我国的治国方略，增强依法办事意识，自觉维护法律的权威。

《历史与社会》：结合具体的教学情境和内容，体会现实社会生活中相关法律规则和制度的意义；从历史角度了解我国的民主与法制建设，依法行使公民的权利，自觉履行公民的义务，承担应有的社会责任。

《地理》：结合中国的自然资源的教学，了解保护自然环境和合理开发利用自然资源所应遵循的公约、法律和法规，渗透法治观念，培养科学的人口观、资源观和环境观。

2.相关学科渗透

语文、生物、体育等学科蕴涵着丰富的与法制教育相联系的内容。教师要在学科教学中结合教学内容，挖掘法制教育因素，对学生进行法治文明、公平正义、恪守规则等方面的教育。例如，语文课通过文学作品中的典型人物和事件，渗透崇尚公平正义、违法要承担责任、履行义务光荣等教育；生物课对学生进行保护环境、热爱生命、尊重人权的教育；体育课对学生进行遵守规则、崇尚公正的教育等等。各相关学科对学生渗透法制教育，要充分运用与学生密切相关的事例，学科史上的有趣材料作为教学资源，利用多种手段和方法开展法制教育活动。

专题教育中实施

采用必要的专题教育形式,增强学生的法律意识和法治观念,提高法制教育的针对性和实效性。要从学生的认知水平、学习兴趣、思想认识、行为表现和社会实际出发,开展灵活多样、富有成效的专题教育活动,倡导自主探究、合作交流、实践体验的学习方式。法制专题教育要与道德教育、心理教育、青春期教育、生命教育紧密结合,与安全、禁毒、预防艾滋病、环境、国防、交通安全、知识产权等专项教育有机整合,使之融为一体。

课外活动中实施

课外活动是学生学习法律、践行法律的重要途径。要充分利用班团队活动、学生社团活动、节日纪念日活动、仪式教育、社会实践活动等多种载体,开展生动活泼的法制教育活动,增强学生依法律己、依法办事的自觉性。

1.班团队活动

少先队和共青团组织要积极创造条件,为学生提供有意义的法制教育活动,使学生真正懂得集体要有纪律、要有规则,每个集体成员要懂规则、守规则,要在享有法定权利的同时履行应尽的各项义务。班集体活动要结合学生思想和行为的实际,有针对性地开展法制教育活动。

2.学生社团活动

学生社团是帮助学生增强法律意识的重要载体。要支持和指导学生社团广泛开展与法制教育相关的校园文化活动,大力发展内容丰富、形式多样的兴趣小组,逐步培养学生参与群体生活的能力、按规则办事的习惯。结合不同社团活动的特点,进行相关法制教育,充分发挥学生思想活跃的特点和开拓创新的能力,引导学生思考生活中的法律问题,参与法制实践与宣传,积极承担社会责任。

3.节日、纪念日教育活动

要充分利用现有中国传统节日、法定节日和纪念日,如"3.15"消费者权益日、"6.26"国际禁毒日、"12.4"全国法制宣传日等,开展有针对性的法制宣传教育活动。

4.仪式教育活动

学校要通过学生入学仪式、开学典礼和毕业典礼、18岁成人仪式以及入队、入团、入党等各种仪式,精心组织设计,渗透法制教育,使学生了解自己的健康成长与法律的关系,培养爱法、敬法的情感,增强守法、用法的能力。

5.社会实践活动

学校要组织学生到人大、法院、监狱等机构旁听和参观,开展模拟人大、模拟法庭等活动,通过了解和分析真实的事例,了解相关法律,增加法制观念。

图书在版编目（CIP）数据

校园行为类活动指导手册 / 王莉编著．-- 长春：吉林出版集团有限责任公司，2013.11（2020.11重印）
ISBN 978-7-5534-3308-0

Ⅰ．①校… Ⅱ．①王… Ⅲ．①行为规范－青年读物 ②行为规范－少年读物 Ⅳ．①D630.3-49

中国版本图书馆CIP数据核字(2013)第226708号

校园行为类活动指导手册

王　莉　编著

出 版 人：	齐　郁
责任编辑：	田　璐
封面设计：	大华文苑（北京）图书有限公司
版式设计：	大华文苑（北京）图书有限公司
法律顾问：	刘　畅
出　　版：	吉林出版集团股份有限公司
发　　行：	吉林出版集团青少年书刊发行有限公司
地　　址：	长春市福祉大路5788号
邮政编码：	130118
电　　话：	0431-81629800
传　　真：	0431-81629812
印　　刷：	北京兴星伟业印刷有限公司
版　　次：	2013年11月　第1版
印　　次：	2020年11月　第3次印刷
字　　数：	158千字
开　　本：	710mm×1000mm　1/16
印　　张：	12
书　　号：	ISBN 978-7-5534-3308-0
定　　价：	35.00元

版权所有　翻印必究